LE MILLIONNAIRE

MARC FISHER

LE MILLIONNAIRE

LES PRESSES D'AMÉRIQUE

Conception de la couverture:
Impact-Communication Marketing

Composition et montage:
Publinnovation enr.

Correction d'épreuves:
Brigitte Beaudry

Distribution exclusive au Québec :
Québec Livres
2185, Autoroute des Laurentides
Laval (Québec)
H7S 1Z6

Dépôt légal: 4ᵉ trimestre 1994

ISBN: 2-921378-50-7

A mon père

CHAPITRE 1

Où le jeune homme
demande conseil à un vieil oncle

I l était une fois un brillant jeune homme qui voulait devenir riche. Parce qu'il était né pauvre. Et que ce hasard de la naissance l'avait profondément marqué, comme une tare dont il avait honte. Et dont il avait juré qu'il guérirait un jour. Car il en avait souffert autant que s'il avait déjà été riche et avait tout perdu, ce qui, comme chacun sait, est la pire des calamités.

Toutefois, même s'il avait eu sa part, plutôt large, de déceptions et de déboires, il croyait en sa bonne étoile. Il avait la conviction intime que les mauvais jours ne dureraient pas et qu'un jour qui n'était pas loin, il tirerait son épingle du jeu.

En attendant que la chance lui sourît, il occupait un obscur poste de rédacteur publicitaire dans une agence de publicité.

Chaque lundi matin, en pénétrant dans son bureau poussiéreux, il se demandait comment il ferait pour passer à travers une nouvelle semaine. Il se sentait si étranger à tous ces dossiers, à ces exigences de clients qui voulaient vendre leurs cigarettes, leurs voitures, leurs bières.

Il avait rédigé sa lettre de démission depuis plus de six mois. Dix fois il s'était présenté au bureau de son patron avec la lettre dans sa poche, mais il n'avait pas osé la lui remettre. Avant, il y a trois ou quatre ans, il n'aurait pas attendu. Il aurait tout plaqué. Mais maintenant il hésitait.

Une sorte de force, ou pour mieux dire de lâcheté, le retenait. Il semblait avoir perdu cette fougue qui lui permettait autrefois de n'en faire qu'à sa tête.

Peut-être qu'à force d'attendre le bon moment, de se trouver des justifications, de se demander s'il réussirait, était-il devenu un de ces êtres qui ne font rien d'autre que rêver.

Etait-ce parce qu'il était criblé de dettes ? Ou tout simplement parce qu'il avait déjà commencé à vieillir, ce qui arrive invariablement le jour où l'on renonce à son idéal ? A la vérité, il ne savait plus très bien où il en était.

Mais un jour, dans son découragement, l'idée lui passa par l'esprit d'aller trouver un vieil oncle riche qui lui donnerait peut-être un conseil — ou de l'argent.

Son oncle, qui avait la réputation d'être un homme avenant, accepta d'emblée de le recevoir mais refusa par contre de lui passer de l'argent, alléguant que ce serait lui rendre un bien mauvais service.

— Quel âge as-tu ? lui demanda tout de suite l'oncle.

— Trente-deux ans, fit timidement le jeune homme, car il sentait bien que cette question était lourde de reproches.

— Savais-tu qu'à 23 ans, John Paul Getty avait déjà gagné son premier million ? Qu'à 26 ans, Aristote Onassis, qui avait quitté l'école à 17 ans et qui s'était lancé en affaires avec trois cent cinquante dollars qu'il avait empruntés à des copains, avait déjà en banque six cent mille dollars ! Alors dis-moi, comment se fait-il qu'à ton âge tu sois encore obligé d'emprunter de l'argent ?

— Je ne sais pas, je travaille pourtant d'arrache-pied... Souvent plus de soixante heures par semaine !

— Crois-tu que c'est en travaillant fort qu'on finit par s'enrichir ?

— Je... je pense que oui, enfin, c'est ce que j'ai toujours entendu dire...

— Tu gagnes combien annuellement ? Trente mille dollars ?

— Oui, environ, dit le jeune homme.

— Crois-tu que celui qui gagne trois cent mille dollars, c'est-à-dire dix fois plus que toi, travaille dix fois plus d'heures par semaine ? Evidemment non. Ce serait physiquement impossible puisqu'il n'y a que cent soixante-huit heures dans une semaine. Et s'il gagne dix fois plus que toi en ne travaillant pas plus d'heures, c'est donc qu'il s'y prend différemment, qu'il possède un secret que tu ignores.

— Ca me paraît évident.

— Eh bien, tu peux te compter chanceux de comprendre ce principe. La plupart des gens ne le comprennent pas. Ils sont trop occupés à essayer de gagner leur vie pour s'arrêter à réfléchir. En fait, la majorité des gens n'ont jamais pris une heure de leur temps pour se demander ce qu'ils pourraient faire pour s'enrichir.

Le jeune homme ne dit rien, mais force lui fut de s'avouer qu'en dépit de ses ambitions frustrées, de son désir de faire fortune, il ne s'était jamais donné la peine de s'arrêter, même pendant une heure, pour vraiment réfléchir à sa situation. Tout le distrayait de cette tâche pourtant essentielle.

L'oncle marqua une pause et regarda son neveu droit dans les yeux. Il esquissa enfin un sourire dans lequel se trouvait un mélange d'ironie et de tendresse.

— Tout le monde veut devenir riche, dit-il, mais rares sont ceux qui savent vraiment pourquoi. Toi, sais-tu au moins pourquoi tu veux le devenir ?

— Pour acheter ma liberté.

— Ce n'est pas une mauvaise raison. Mais crois-tu que les gens riches soient vraiment plus libres ?

Le jeune homme parut embarrassé. Au fond, il n'en savait rien. Ce qu'il savait des gens riches, il l'avait surtout imaginé, car il ne les avait jamais fréquentés.

— Quoi qu'il en soit, reprit l'oncle, tu finiras sans doute par le découvrir toi-même.

Puis, après une pause:

— Je vais t'envoyer rencontrer quelqu'un, un vieil

11

excentrique, qui doit avoir plus de soixante-dix ans. On le surnomme le millionnaire. Il pourra peut-être t'aider. Comme il m'a aidé dans le passé. Voici son adresse.

Il la nota sur un bout de papier.

—Voici également une lettre de recommandation. Sans elle, tu ne pourras pas être reçu chez le millionnaire.

C'était la seconde fois que l'oncle appelait ainsi le vieil homme. Il ne lui donna pas d'autre nom. Si bien que le jeune homme crut que c'était ainsi qu'il devait l'appeler. En tout cas, il ne lui sembla pas que c'était inconvenant.

L'oncle parut alors griffonner quelques mots sur une feuille de papier qu'il plia et mit dans une enveloppe. Il la cacheta soigneusement, comme si elle contenait un document de la plus haute importance... ou un chèque fort généreux. C'est en tout cas ce que ne put s'empêcher de penser le jeune homme.

Qui sait, son oncle, dans sa pudeur, n'avait peut-être pas osé lui donner tout de suite un chèque et avait préféré lui faire une surprise... Il avait mis si peu de temps à rédiger cette lettre de recommandation, juste le temps qu'il fallait pour parapher un chèque...

Le jeune homme n'osa évidemment pas ouvrir la

lettre en présence de son oncle, surtout que ce dernier lui servit à ce moment un avertissement peu banal.

— Je ne te demanderai qu'une seule chose, dit-il, et c'est de ne pas lire cette lettre de recommandation. Si tu la lis, elle ne pourra probablement plus te servir. Mais si jamais tu l'ouvrais malgré mon avertissement, et que tu veuilles qu'elle te serve encore, il faudra que tu fasses comme si tu ne l'avais jamais ouverte...

Le jeune homme ne comprit guère le sens de cette requête sibylline et il n'eut pas le loisir de lui demander des éclaircissements car le téléphone sonna: c'était un appel de la plus haute importance. L'oncle souhaita bonne chance au jeune homme et le mit gentiment à la porte.

Dès qu'il fût sorti, le jeune homme, dont la curiosité était piquée au plus haut point, tira la lettre de recommandation de sa poche. Il ne pouvait s'empêcher de penser au chèque que lui avait peut-être remis son oncle, sans le lui dire.

Il relut l'adresse. C'était dans Hampton, un des quartiers les plus huppés de l'Etat de New York. Pourquoi ne pas y aller tout de suite ? N'était-il pas trop tard ? Il eut un moment d'hésitation. Le millionnaire allait-il accepter de le recevoir ? Ne l'éconduirait-il pas, même s'il avait une lettre de recommandation ? Et accepterait-il de révéler son secret à un étranger ?

CHAPITRE 2

Où le jeune homme
rencontre un vieux jardinier

J uste avant d'arriver chez le vieux millionnaire, sa curiosité se fit tellement grande qu'il ne put s'empêcher d'ouvrir la lettre de recommandation.

Or à son grand étonnement, comme s'il y avait une erreur, comme si son oncle avait voulu se moquer de lui, la lettre n'était rien de plus qu'une feuille blanche ! Dans un élan de dépit, le jeune homme allait s'en débarrasser, lorsqu'il prit conscience qu'il était maintenant en vue de la somptueuse villa du millionnaire et il aperçut un gardien qui aurait sans doute remarqué son geste inélégant.

Comme la plupart des gardiens, celui-là n'était

guère souriant. De fait, il avait l'air fermé, presque autant que la grille qu'il protégeait.

— Que puis-je pour vous ? s'enquit le gardien d'une voix sèche.

— Je voudrais rencontrer le millionnaire.

— Il vous attend ?

— Non.

— Vous avez une lettre de recommandation ? reprit le gardien.

— Oui, dit le jeune homme, sans remettre la lettre au gardien.

Il pensa à un expédient qui réglerait peut-être son problème. Il tira à demi la lettre de la poche de sa veste et l'y remit immédiatement. Cela ne satisfit pas le gardien.

— Puis-je voir cette lettre ?

Le jeune homme était cuit. Il se dit : "Si je lui remets cette lettre, il croira tout naturellement que je me moque de lui. Mais si je ne le fais pas, je ne pourrai entrer."

Il se trouvait devant un dilemme en apparence insurmontable. Il se rappela alors les paroles de son oncle, qu'il n'avait guère comprises sur le coup : "...il faudra que tu fasses comme si tu ne l'avais jamais ouverte."

N'était-ce pas la seule chose qu'il lui restait à faire? Il tendit la lettre au gardien qui en prit connaissance, si l'on peut dire. Son visage demeura parfaitement impassible.

— C'est bien, dit-il en remettant la lettre au jeune homme, vous pouvez entrer.

Et il conduisit le nouveau venu jusqu'à l'entrée de la demeure du millionnaire, une somptueuse villa de style Tudor. Un domestique très stylé ouvrit au jeune homme.

— Que désirez-vous ? lui demanda-t-il.

— Rencontrer le millionnaire.

— Il est au jardin. Si vous voulez me suivre...

Et il accompagna le jeune homme jusqu'à la porte d'un jardin qui ressemblait davantage à un parc. En son centre, il y avait un étang. Le jeune homme fit quelques pas, admira la beauté des arbres et des fleurs. Il aperçut alors un jardinier, au moins septuagénaire, courbé sur un rosier qu'il taillait. Un large chapeau de paille cachait ses yeux.

Cependant, lorsque le jeune homme passa près de lui, le jardinier interrompit son travail pour le saluer.

Il possédait des yeux bleus, lumineux et rieurs, qui paraissaient sans âge.

— Qu'êtes-vous venu faire ici ? demanda le jardinier d'une voix fort aimable.

— Je suis venu rencontrer le millionnaire.

— Ah ! je vois. Et pour quelle raison, si je ne suis pas indiscret ?

— Eh bien, je... je voudrais simplement lui demander conseil...

Et le jardinier allait se remettre à tailler ses rosiers lorsqu'il se ravisa pour demander au jeune homme:

— Dites-moi, mon ami, vous n'auriez pas dix dollars ?

— Dix dollars ? dit le jeune homme en rougissant. Euh oui, je crois. Attendez...

Il fouilla dans ses poches, en tira un billet de dix dollars, tout froissé, et le remit au jardinier.

Même s'il avait l'air de mendier, le jardinier conservait beaucoup de dignité. Un charme magnétique, une grâce singulière se dégageaient de sa personne.

— La plupart des gens ont peur de demander. C'est une erreur, laissa-t-il tomber, comme vraiment amusé de son petit gain rapide.

Sur ces entrefaites, un second domestique, plus âgé que le précédent, et qui était en fait le maître d'hôtel, ou l'intendant, revint et, s'adressant au jardinier, lui dit d'un ton respectueux:

— Monsieur pourrait-il me donner dix dollars? Le cuisinier nous quitte aujourd'hui. Et il insiste pour que nous lui payions tout ce que nous lui devons. Or, il manque dix dollars dans la petite caisse.

Souriant, le jardinier tira de sa poche une épaisse liasse de billets. Il y avait certainement des milliers de dollars, des billets de 100 $ et de 1 000 $. Il prit justement le billet de dix dollars que le jeune homme avait consenti à lui donner et le tendit au domestique qui, après avoir remercié et salué le vieux jardinier non sans une certaine obséquiosité, se retira prestement.

Le jeune homme était outré.

— Pourquoi m'avez-vous demandé ce billet de dix dollars ? demanda-t-il en ayant peine à contenir sa colère. Vous n'en aviez pas besoin.

— Mais si, j'en avais besoin. Regardez, je n'ai aucun billet de 10 $, expliqua-t-il en secouant la liasse. Je n'allais tout de même pas lui donner un billet de 1 000 $!

— Comment se fait-il que vous ayez autant d'argent sur vous ? demanda le jeune homme.

— C'est mon argent de poche, dit le jardinier. Je garde toujours 25 000 $ sur moi, pour les imprévus.

— Vingt-cinq mille dollars ? dit le jeune homme avec une certaine surprise.

Et tout s'éclaira subitement dans son esprit: le domestique d'une politesse extrême, cet argent de poche considérable...

— Vous êtes le millionnaire, n'est-ce pas ?

— C'est ce qu'on dit, répliqua le millionnaire. Je suis heureux que vous soyez ici. Qui vous envoie ?

— Mon oncle.

— Et pourquoi êtes-vous venu me voir ?

— Mon oncle m'a dit que vous pouviez me révéler le secret de la richesse.

— Votre oncle a dit cela...

Le millionnaire sourit, marqua une pause puis dit:

— Comment se fait-il que vous ne soyez pas riche? Vous êtes-vous déjà sérieusement posé la question ?

— Non pas vraiment.

— C'est peut-être la première chose que vous devriez faire.

Il consulta sa montre puis :

— Puis-je vous inviter à partager mon repas ?

— Mais avec joie, s'empressa de répliquer le jeune homme.

Et il suivit le millionnaire qui, malgré son âge avancé, marchait d'un pas rapide. Ils arrivèrent bientôt à la salle à manger, qui était immense, et dont chaque extrémité était ornée d'une haute cheminée de pierre. La table, très longue, pouvait sans doute recevoir plus d'une vingtaine d'invités.

Le millionnaire invita le jeune homme à s'asseoir.

Il avait désigné l'extrémité de la table, celle réservée habituellement au propriétaire, ou en tout cas à l'invité le plus important. Le jeune homme accepta avec un certain embarras cette marque de déférence.

Le millionnaire prit place à sa droite, juste devant un très joli sablier doré sur lequel était inscrite cette phrase banale : Le temps, c'est de l'argent.

Le maître d'hôtel se présenta alors avec une bouteille de vin et versa à boire aux deux hommes:

— Buvons à votre premier million, dit le millionnaire en levant son verre.

Il y trempa les lèvres, comme religieusement. Il mangea très frugalement, à peine quelques bouchées, d'une belle darne de saumon.

21

— Aimez-vous ce que vous faites ? demanda le millionnaire au jeune homme.

— Oui, enfin la situation au bureau n'est pas idéale.

— Arrangez-vous pour être bien sûr que vous aimez ce que vous faites. Tous les millionnaires que j'ai connus, et j'en ai connu plusieurs au cours des années, adoraient ce qu'ils faisaient. Pour eux, travailler était presque devenu un divertissement. C'est pour cette raison que la plupart des hommes riches ne prennent pour ainsi dire jamais de vacances, et repoussent le plus tard possible le moment de leur retraite. Pourquoi se puniraient-ils en s'empêchant de faire ce qu'ils aiment tant ?

— En effet... dit le jeune homme.

Le millionnaire prit une bouchée de saumon, qu'il mastiqua très lentement. Il paraissait vraiment la savourer. Il prit une nouvelle gorgée de vin, posa sa coupe. Il faisait tout lentement, avec des gestes précis, calmes. Nul stress ne semblait l'affecter, comme s'il vivait dans un monde complètement différent du monde moderne, qui, comme chacun sait, est une véritable course de rats.

Il regarda le jeune homme un long moment sans parler, avec une tendresse qu'on eût dit paternelle. Ses yeux si bleus, si rieurs, ne clignaient pas, ce qui était à la fois surprenant et fort troublant. Le jeune homme ne put en soutenir l'éclat, se pencha sur son assiette.

— C'est curieux, dit le millionnaire, dans notre société, enfin dans votre société, dit-il comme s'il appartenait à une autre société, peut-être secrète, les gens sont très embarrassés par le silence. Il est perçu comme une menace. Ils les angoisse. Vous êtes-vous déjà demandé pourquoi ?

Le jeune homme releva la tête, embarrassé, et répondit :

— Non, pas vraiment...

— Il y a beaucoup à apprendre du silence, dit le millionnaire, beaucoup.

Il but une autre gorgée de vin, puis :

— Alors, vous voulez devenir riche ?

— Oui.

— Croyez-vous qu'il existe un secret ? Ou que tout soit dû au hasard ? A la chance ?

— Je crois qu'il existe un secret.

— C'est bien, c'est le premier pas. La majorité des gens ne croient même pas qu'ils peuvent s'enrichir. Il

23

faut commencer par y croire. Et ensuite, le désirer ardemment. Seulement, je dois ajouter que beaucoup de gens, en fait la majorité, ne sont pas prêts à accepter ce secret même s'il leur est révélé le plus simplement du monde. C'est pour cette raison, au fond, que le véritable secret de la richesse est le secret le mieux gardé au monde.

C'est un peu comme la lettre volée dans la charmante nouvelle d'Edgar Poe. Vous vous souvenez de cette nouvelle ? L'histoire d'une lettre que des policiers recherchaient chez un individu et qu'ils ne trouvèrent pas parce qu'au lieu d'être cachée, elle était placée au dernier endroit où ils s'attendaient de la trouver, c'est-à-dire bien en vue. Cette nouvelle n'est au fond qu'une habile illustration du principe énoncé par le philosophe américain Ralph Waldo Emerson. Ce qui empêcha les policiers de trouver la lettre volée, ce sont leurs limites mentales, ou si vous préférez leurs préjugés. Ils ne s'attendaient pas à la trouver là. Et de fait, ils ne l'ont pas trouvée.

Le jeune homme écoutait avec beaucoup d'intérêt les propos du millionnaire.

On ne lui avait jamais tenu un tel langage. Sa curiosité était maintenant piquée. Il brûlait de connaître ce fameux secret. Chose certaine en tout cas, si le millionnaire ne possédait pas le secret tant recherché, il savait expliquer les choses avec une simplicité totalement convaincante.

CHAPITRE 3

Où le jeune homme
apprend à être opportuniste

Maintenant, après tout ce que vous venez d'entendre, reprit le millionnaire, quelle somme êtes-vous prêt à débourser pour obtenir le secret de la richesse?

La question prit le jeune homme par surprise.

— Même si j'étais prêt à débourser de l'argent pour l'obtenir, je n'ai pas un sou. Donc la question se pose difficilement.

— Mais si vous aviez de l'argent, quelle somme seriez-vous prêt à me donner ? Avancez un chiffre, ajoute le millionnaire, n'importe lequel, le premier qui vous vient à l'esprit.

Le jeune homme ne pouvait plus se défiler. Le millionnaire lui demandait de répondre de manière précise. Le jeune ne voulait pas désobliger son hôte.

— Je ne sais pas, dit-il, 100 $?

Le millionnaire éclata bruyamment de rire. C'était la première fois que le jeune homme l'entendait rire. C'était un rire bien particulier, très clair, cristallin.

— Seulement 100 $? C'est donc que vous n'y croyez pas. Sinon, de toute évidence, vous seriez prêt à payer beaucoup plus. Allez, je vous donne une autre chance. Dites un nouveau chiffre. J'attends. Ce n'est pas un jeu. C'est très sérieux.

Le jeune homme se mit à réfléchir. Il voulait tout, sauf déclencher à nouveau le rire homérique du millionnaire. Et cependant il ne voulait pas avancer un chiffre qui le compromît.

— Je veux bien être sérieux moi aussi, mais comme je vous l'ai dit, je n'ai pas un sou sur moi.

— Quelle importance ?

— Eh bien, dit le jeune homme avec un certain étonnement, si je n'ai pas d'argent, je ne peux rien faire...

— Oh ! dit le millionnaire, nous avons beaucoup de chemin à faire... Depuis que le monde existe, les

gens riches se servent de l'argent des autres pour
s'enrichir. Et puis, de toute façon, vous devez avoir un
chéquier sur vous.

Le jeune homme eût souhaité pouvoir dire qu'il
n'en avait pas. Mais, ce matin-là, ironie du sort, il avait
précisément pris son chéquier. Dieu sait pourquoi,
d'ailleurs, puisqu'il ne lui restait en tout et pour tout
que 228 $ dans son compte de banque. Pas de quoi
plastronner !

Le jeune homme aurait volontiers menti au
millionnaire. Mais celui-ci avait un regard si perçant,
qu'il donnait l'impression de pouvoir scruter les
moindres replis de son âme. Aussi s'entendit-il dire,
quasiment comme s'il s'agissait d'un aveu:

— Oui.

Et, ce disant, il tira de sa poche son chéquier, un
peu comme un automate, même si un mouvement
imperceptible de révolte l'effleura un instant. Il avait
l'impression d'être littéralement sous l'emprise de cet
homme, comme s'il s'était trouvé en présence d'un
magnétiseur. Et pourtant, il ne le craignait pas, car une
grande bonté se dégageait de lui malgré son ironie.

— Bon, dit le millionnaire. Vous voyez bien qu'il
n'y a pas de problème.

Il décapuchonna un joli stylo qu'il tendit au jeune homme.

— Inscrivez le montant, et signez le chèque.

— Je ne sais pas quel montant écrire.

— Alors, écrivez, disons, 10 000 $.

Le millionnaire avait prononcé ce montant en toute simplicité, sans affectation aucune. Et cependant, le jeune homme ne put retenir un mouvement de surprise. Décidément, le millionnaire se moquait de lui. A moins tout simplement qu'il ne cherchât à l'escroquer.

— Dix mille dollars ! s'exclama le jeune homme. Vous n'y pensez pas !

— Mettez 20 000 $, si vous préférez, dit le vieil homme de telle manière que le jeune homme ne sut pas s'il plaisantait ou s'il était sérieux.

— Même 10 000 $ me paraissent tout à fait hors de prix. De toute façon, même si je signais ce chèque, vous ne pourriez rien en faire puisqu'il serait sans provision. Alors, la seule chose que cela me rapportera, c'est que mon directeur de banque pensera que je suis tombé sur la tête, et il aura raison.

— C'est pourtant ainsi que j'ai entrepris ma plus grosse affaire. J'ai signé un chèque de 100 000 $, puis il a fallu que je me débrouille pour trouver les fonds pour couvrir ce chèque. Si je n'avais pas fait ce chèque à ce moment précis, j'aurais raté l'affaire. Ce fut une de mes premières grandes leçons en affaires. Ceux qui passent leur temps à attendre que toutes les conditions idéales soient réunies ne font jamais rien. Le moment idéal pour passer à l'action existe bel et bien, et il a pour nom : maintenant.

Il marqua une pause, puis reprit :

— Il y a une autre leçon dans cette petite histoire de chèque, poursuivit le millionnaire, c'est que pour réussir, il ne faut pas se laisser le choix. Il faut se mettre au pied du mur. Ceux qui passent leur temps à hésiter, qui refusent toujours de prendre des risques sous prétexte qu'ils ne possèdent pas les éléments pour passer à l'action, ceux-là ne vont jamais nulle part. Il y a d'ailleurs à cela une raison bien simple.

Quand on ne se laisse pas le choix, quand on se met au pied du mur, on mobilise en soi des forces secrètes. C'est alors qu'on désire de tout son être qu'une chose s'accomplisse. Alors, pourquoi hésiter maintenant, jeune homme ? Mettez-vous au pied du mur. Signez ce chèque de 10 000 $.

Le jeune homme inscrivit le montant sur le chèque,

en chiffres d'abord, puis en lettres, comme il se doit, mais lorsque vint le moment d'y apposer sa signature, il en fut incapable.

— Je n'ai jamais signé un chèque d'un pareil montant.

— Si vous voulez devenir millionnaire, il faudra que vous commenciez un jour. Vous devrez vous habituer à signer des chèques d'un montant de beaucoup supérieur à celui-ci. Ce n'est que le début.

Pourtant le jeune homme ne signa pas tout de suite. Tout cela se passait trop vite. Il s'apprêtait à signer un chèque de 10 000 $ à un homme qu'il rencontrait pour la première fois de sa vie et qui lui promettait en échange un hypothétique secret.

— Qu'est-ce qui vous fait hésiter ? demanda le millionnaire. Tout est relatif. C'est une somme qui, sous peu, vous paraîtra bien insignifiante.

— Ce n'est pas le montant, répliqua le jeune homme qui ne savait plus trop ce qu'il disait.

— Alors, si ce n'est pas le montant, pourquoi cette hésitation ?

Le jeune homme n'eut pas le temps de répondre.

— Je sais pour quelle raison vous n'osez pas signer ce chèque, reprit le millionnaire. C'est que vous doutez que le secret que je vais vous révéler puisse vous rendre millionnaire. Si vous en aviez l'absolue certitude, vous n'hésiteriez pas un instant.

Et pour être sûr de convaincre le jeune homme, ou plutôt pour bien illustrer son explication, il poursuivit:

— Si vous aviez la certitude de pouvoir gagner 50 000 $ en moins d'un an grâce à ce secret, sans pour cela travailler plus que vous ne l'avez fait jusqu'à maintenant, et même en travaillant moins, signeriez-vous ce chèque ?

— Je crois bien que oui, dut convenir le jeune homme. Je ferais alors un profit de 40 000 $.

— Alors, signez. Je vous donne la garantie formelle que vous pourrez gagner cette somme.

— Seriez-vous prêt à me mettre cette garantie par écrit ?

A nouveau, le millionnaire éclata de rire.

— Vous me plaisez, jeune homme. Vous voulez ménager vos arrières. C'est souvent prudent de le faire. Et puis s'il faut avoir une confiance absolue en ses propres moyens, il ne faut pas toujours faire confiance au premier venu.

Le vieux jardinier se leva et alla fouiller dans un tiroir. Il en tira une formule toute prête et dont le modèle avait dû servir dans des circonstances similaires. Ce qui ne fut pas pour enchanter le jeune homme.

La vente du secret constituait-elle donc une sorte d'industrie ? Le millionnaire rédigea la garantie et la remit au jeune homme qui la parcourut hâtivement. Elle parut le satisfaire. Cependant, le millionnaire se ravisa soudain.

— J'ai une meilleure idée, dit-il. Je vais vous proposer autre chose. Un pari.

Il tira alors une pièce de monnaie de sa poche. Il la fit sauter au creux de sa main.

— Tirons à pile ou face. Si je perds, je vous donne les 25 000 $ que j'ai dans ma poche. Si je gagne, vous me signez ce chèque. Dans un cas comme dans l'autre, nous laissons tomber la garantie.

Le jeune homme prit un instant pour réfléchir à cette proposition inhabituelle. Elle lui parut fort avantageuse. A tel point d'ailleurs qu'il se demanda pourquoi diable le millionnaire la lui avait proposée. Cela paraissait trop beau pour être honnête.

— Le seul problème, dit le jeune homme, c'est que, comme je vous l'ai déjà dit, je n'ai pas un sou en banque. Même si je vous fais ce chèque, vous ne pourrez pas le tirer.

— Ce n'est pas grave, dit le millionnaire, je ne suis pas pressé de le tirer. J'attendrai même que nous nous voyions.

— Datez-le de l'année prochaine, jour pour jour.

— Bon, dans ces conditions, répliqua le jeune homme, j'accepte le pari.

Il venait de penser que, de toute façon, dans un an, il aurait eu tout le loisir de changer de banque, ou d'y fermer son compte, ou tout simplement de suspendre le paiement du chèque. D'ailleurs, il aurait dû y penser avant. Il n'avait rien à perdre.

Et avec la nouvelle proposition du millionnaire, il risquait en plus de se faire 10 000 $ en quelques secondes. Sans effort. Un sourire de contentement passa malgré lui sur ses lèvres. Le millionnaire, dans sa finesse psychologique, s'en aperçut-il ? La petite mise au point qu'il fit à ce moment précis portait à le croire.

— Il y a une seule chose. Je voudrais qu'advenant le cas où je gagne notre pari, vous me fassiez la promesse solennelle d'honorer votre chèque.

Le jeune homme rougit. Cet homme était décidément rusé comme le diable. Il paraissait lire dans son esprit comme dans un livre ouvert. Le jeune homme promit. Mais juste avant que le millionnaire ne fit sauter la pièce de monnaie, il l'interrompit.

— Puis-je voir la pièce ? demanda le jeune homme.

Le millionnaire sourit.

— Décidément, vous me plaisez, jeune homme. Vous êtes prudent. Cette qualité vous évitera bien des erreurs. Arrangez-vous cependant pour qu'elle ne vous fasse pas trop rater d'occasions.

Et il lui montra de bonne grâce la pièce. Puis, comme le jeune homme exprimait sa satisfaction de voir qu'il y avait deux côtés bien distincts, le millionnaire lui demanda de faire son choix.

— Pile, dit le jeune homme.

Le millionnaire fit tourner la pièce de monnaie sur la table. Le coeur du jeune homme battait comme cela ne lui était jamais arrivé de sa vie, si ce n'est, à la vérité, lors de son premier rendez-vous galant. Il pouvait, pour la première fois de sa vie, gagner 10 000 $. Ce n'était pas une mince somme. Il regarda tourner la pièce dans une angoisse grandissante. Elle roula sur la table. Et elle s'immobilisa.

— Face ! décréta avec tout de même une certaine sympathie le millionnaire. Je suis désolé.

Il eût été difficile de dire s'il l'était sincèrement ou s'il disait cela par simple politesse. Le jeune homme se résolut donc à signer le chèque. Il ne put s'empêcher de trembler légèrement. Sans doute s'habituerait-il un jour à signer de tels chèques, mais en cet instant, une émotion bien spéciale le submergeait. Il remit le chèque au millionnaire qui, après une brève vérification, le plia calmement et le déposa dans une de ses poches.

— Maintenant, dit le jeune homme, puis-je connaître le secret ?

— Mais bien entendu, rétorqua le millionnaire. Avez-vous du papier sur vous ? Je vais vous l'écrire. Comme cela, vous serez certain de ne pas l'oublier.

Le jeune homme ne sut trop comment accueillir ces paroles. Il ne s'attendait certes pas à ce que le secret pût tenir sur une simple feuille de papier. Surtout un secret qu'il avait payé 10 000 $.

— Je suis désolé, dit le jeune homme. Je n'ai rien sur moi pour écrire.

Le millionnaire lui causa un nouvel émoi en lui demandant:

— Mais vous n'aviez pas une lettre de recommandation lorsque vous vous êtes présenté ici ? Les gens que votre oncle m'a envoyés au cours des années avaient toujours une lettre en bonne et due forme.

Le jeune homme avait encore la lettre sur lui. Il la tira de sa poche. Décidément, le millionnaire pensait à tout. Le jeune homme tendit la lettre au millionnaire et observa attentivement sa réaction lorsqu'il l'ouvrit. Le millionnaire ne parut en aucune manière surpris par la virginité de la lettre.

Il prit son stylo. Il se pencha sur la table. Il allait écrire lorsqu'il se redressa et demanda au jeune homme s'il ne pouvait pas aller chercher le maître d'hôtel. Le jeune homme accepta.

— Vous le trouverez aux cuisines. Et vous trouverez les cuisines au bout du corridor que vous voyez là-bas, expliqua le millionnaire.

Lorsque le jeune homme revint en compagnie du maître d'hôtel, le millionnaire venait de cacheter la lettre. Il souriait. Il paraissait content de lui-même.

— Notre jeune ami restera dormir ce soir, dit le millionnaire à l'adresse du maître d'hôtel. Si vous voulez bien l'accompagner jusqu'à sa chambre.

— Voici le secret, dit le millionnaire.

Il se leva, remit l'enveloppe au jeune homme et lui

serra la main, comme s'il venait de conclure avec lui un pacte de la plus haute importance.

— Je vous demande d'attendre d'être seul dans votre chambre avant d'ouvrir l'enveloppe et de prendre connaissance du secret. Je poserai également une condition supplémentaire. Avant d'ouvrir l'enveloppe, il faut que vous me certifiiez que vous accepterez de consacrer une partie de votre vie à partager ce secret et à le faire connaître à ceux qui sont moins fortunés que vous.

Si vous acceptez, vous serez la dernière personne à qui je le livrerai directement. Mon travail ici sera alors terminé. Je pourrai aller m'occuper de mes roses dans un jardin beaucoup plus grand. Si vous ne vous sentez pas prêt à partager ce secret, il est encore temps de renoncer. Mais alors, vous ne pourrez pas ouvrir la lettre. Je vous rendrai votre chèque. Et vous pourrez retourner paisiblement chez vous pour continuer à mener la vie que vous avez toujours menée.

Maintenant qu'il avait enfin en main la lettre contenant le fameux secret, le jeune homme se voyait mal y renoncer. La curiosité le tenait.

— J'accepte, dit le jeune homme.

Il salua le millionnaire et laissa le maître d'hôtel l'accompagner jusqu'à sa chambre.

— Si vous avez besoin de quoi que ce soit, dit le maître d'hôtel, vous n'avez qu'à sonner. Nous maintenons le service toute la nuit.

— Je vous remercie, dit le jeune homme.

CHAPITRE 4

Où le jeune homme se retrouve prisonnier

E
t il se retrouva bientôt seul. La chambre était somptueuse, à tel point que le jeune homme en fit d'abord le tour. Il avait pour ainsi dire oublié la lettre qu'il venait pourtant de payer si cher.

Il alla à l'unique fenêtre de la chambre.

Elle était très haute. Elle donnait sur le parc de la propriété. On pouvait d'ailleurs apercevoir de ce même point de vue le jardin où le millionnaire cultivait si amoureusement ses roses.

Il faisait nuit maintenant mais la pleine lune éclairait les lieux. Le jeune homme cependant était impatient. Il allait enfin pouvoir connaître le secret de la richesse qu'il recherchait en vain depuis de nombreuses années.

Il ouvrit l'enveloppe. Il déplia la lettre. Et il la parcourut. Ou plutôt c'est ce qu'il eût bien aimé faire. Sauf que ce qui se présenta à ses yeux n'était rien d'autre qu'une feuille blanche. Il tourna la feuille. Elle était vierge des deux côtés. C'était impossible. Il s'était fait flouer par le vieux millionnaire. Il avait signé un chèque faramineux en échange d'un secret qui n'avait jamais existé.

Pourtant, le vieil homme avait fini par lui sembler sympathique. Il l'avait pris en affection. Il avait d'ailleurs l'air plutôt honnête. Il aurait dû se méfier. La croyance. populaire était sans doute vraie : on ne devient jamais riche sans être un peu malhonnête...

Un doute cependant germa dans son esprit. Au fond, cela était impossible. Le millionnaire n'avait pas pu le duper ainsi.

A moins précisément que ce ne fût pour cette raison qu'on l'avait surnommé le millionnaire. Parce qu'il faisait 10 000 $ en un tournemain, en vendant, habilement il fallait en convenir, un simple bout de papier.

Décidément, le jeune homme n'avait pas la bosse des affaires. Et c'est peut-être ce qui l'avait empêché jusque-là de tirer son épingle du jeu...

Un sentiment de révolte monta dans le coeur du jeune homme. Il jeta la lettre par terre dans un élan de colère. La seule idée dans laquelle il pouvait trouver une certaine consolation était celle à l'effet que le ridicule ne tue pas. Sinon, il n'aurait pas donné cher de sa vie. Il réfléchit à ce qu'il devait faire.

Toute cette histoire avait quelque chose de louche, d'invraisemblable. Il s'était laissé entraîner dans une sorte de piège dont il lui fallait se tirer au plus vite. Qui sait, sa vie était peut-être même en danger. Une décision s'imposa rapidement à son esprit.

Il ne prendrait pas le risque de dormir dans cette demeure. Personne ne savait où il se trouvait. Il pouvait disparaître, et on ne saurait même pas où le chercher. Le mieux était de filer discrètement, à l'anglaise.

Il marcha à pas de loup jusqu'à la porte de sa chambre et fit tourner fort lentement le bouton. Il déchanta vite. La porte était fermée à double tour. Il était prisonnier. C'était la seule issue de la chambre à l'exception de la fenêtre. Il s'y rendit prestement.

Elle s'ouvrait mais le seul ennui était qu'il lui faudrait faire un saut d'une dizaine de mètres avant de toucher le sol. Il y laisserait sa peau sans aucun doute. Donc, mieux valait penser à autre chose.

Il ne vit guère d'autres possibilités que celle de sonner le domestique. Et c'est ce qu'il résolut de faire puisque toute fuite clandestine paraissait exclue. Il sonna donc et attendit. Personne ne vint.

Il sonna à nouveau. Rien. Un silence total régnait dans la maison. Tout le monde devait déjà dormir, en dépit de ce que lui avait dit le maître d'hôtel. Il songea que la sonnette était peut-être défectueuse, auquel cas il ne lui restait plus qu'à appeler. Mais il ne s'y résolut pas.

Si, malgré toutes les apparences qui le condamnaient, le millionnaire était de bonne foi, il aurait l'air de quoi en réveillant tout le monde à une heure si tardive ? Il se coucha.

Mais il ne trouva pas aisément le sommeil. Le film de la journée se déroulait dans son esprit. Malgré tous ses raisonnements, il ne pouvait se défendre contre un sentiment grandissant d'absurdité. La feuille blanche qu'il avait payée 10 000 $ lui revenait continuellement à l'esprit comme pour le narguer. Le sommeil le délivra enfin de ce cauchemar éveillé.

Mais il fit un rêve dans lequel un homme lui remettait un document important qu'il devait parapher sur-le-champ et dont sa destinée paraissait dépendre. Le jeune homme protestait.

C'était sans doute une erreur: le document ne contenait que des pages blanches...

CHAPITRE 5

‿❦‿

Où le jeune homme
apprend à avoir la foi

L e lendemain, lorsque le jeune homme s'éveilla, il lui sembla qu'il avait passé la nuit à se battre. Par une bizarre ironie du sort, le vent, qui avait soufflé par la fenêtre laissée ouverte, avait poussé la fameuse feuille blanche au pied du lit. Ce fut la première chose que vit le jeune homme en ouvrant les yeux. Il sentit un mouvement de colère monter en lui.

Il avait dormi tout habillé. Et, en conséquence, ses vêtements étaient froissés, mais il s'en fichait. Tout ce à quoi il pensait était de retrouver le pseudo millionnaire pour lui rendre son secret et récupérer son chèque.

Il se regarda un instant dans la glace de la salle de bains, juste assez longtemps pour se rendre compte qu'il avait plutôt mauvaise mine.

Ce qui ne diminua en rien sa détermination. Il se passa la main dans les cheveux à deux ou trois reprises et se dirigea vers la porte de la chambre. Ce n'est qu'à ce moment qu'il se rappela que, la veille, la porte était fermée à clé et qu'il était peut-être encore prisonnier.

Ce n'était cependant plus le cas. Il sortit. Il prit la direction de la salle à manger. Le millionnaire était assis à la table. Il portait rigoureusement le même accoutrement que la veille, c'est-à-dire un surprenant uniforme de jardinier, plutôt modeste, propre mais fort élimé.

Son grand couvre-chef pointu, à large rebord, qui aurait eu l'air du chapeau d'une sorcière médiévale s'il n'avait été de paille, était posé devant lui.

Le millionnaire faisait sauter une pièce de monnaie sur la table. Et il comptait. Il était rendu à huit.

— Neuf, dit-il sans quitter des yeux la pièce de monnaie. Dix.

Mais il ne se rendit pas à onze, et laissa échapper un grand :

— Zut !

Il releva alors la tête. Il venait de récupérer la pièce de monnaie.

— Je n'ai jamais réussi à dépasser la marque de dix, dit-il. Au bout de dix fois côté face, on dirait qu'elle tombe invariablement du côté pile. Et pourtant, je la lance de la même manière.

Le jeune homme eut une soudaine illumination. Il venait de comprendre que la veille, une fois de plus, il s'était fait rouler. Il n'avait eu aucune chance de gagner son pari, tiré à pile ou face.

— Mon maître, qui était prestidigitateur, se rendait régulièrement jusqu'à quinze, expliqua le millionnaire. Il faut croire que je n'ai pas hérité de son talent.

Le jeune homme demanda à voir la pièce. Le millionnaire la lui remit de bon gré. Le jeune homme la fit sauter sur la table. Pile. Face. Face. Pile. La pièce n'était visiblement pas truquée. A moins que ne lui échappât quelque secret mécanisme.

— Il n'y avait rien de malhonnête dans notre pari, hier, dit le millionnaire. J'ai simplement fait preuve d'habileté à manier l'argent. D'ailleurs, ce n'est pas la première fois que les gens tirent cette conclusion. Ils prennent pour de la malhonnêteté ce qui n'est que de l'habileté. Le jeune homme ne savait trop que répliquer.

Il se rappela l'objet de sa démarche. Il brandit la lettre et la jeta sur la table.

— Vous pouvez dire que vous m'avez bien eu, dit-il. C'est bien payé, 10 000 $ pour une feuille blanche.

— Ce n'est pas une feuille blanche, c'est le secret de la richesse, rectifia le millionnaire.

Le jeune homme s'attendait à ce que le millionnaire s'excuse de ce fâcheux malentendu.

— Alors, il va falloir que vous m'expliquiez, dit-il. Vous me prenez pour un idiot ?

— Un idiot, non. Mais vous manquez de perspicacité. C'est normal, vous êtes encore une jeune âme, vous ne voyez pas les choses avec le regard de l'esprit.

— Je ne vois peut-être pas les choses avec le regard de l'esprit mais je vois que vous m'avez refilé un bout de papier et que vous avez fait une bonne affaire.

— Je ne vois pas ce que vous voulez de plus. Je vous assure que vous pouvez devenir très riche avec cette seule feuille blanche. Pour devenir millionnaire, à l'époque, je n'ai eu besoin de rien d'autre. Mais comme le temps me presse, je vais vous aider. Ecoutez attentivement, car bientôt, dès que vous aurez appliqué avec succès le secret, vous devrez l'expliquer à d'autres.

Une fois que vous serez sorti de la forêt noire de la pauvreté, il faudra montrer le chemin à ceux qui sont restés derrière vous. Puis-je vous demander à nouveau de m'en faire le serment solennel?

Cet homme avait décidément un pouvoir de persuasion hors du commun. À peine quelques minutes plus tôt, le jeune homme s'apprêtait à l'invectiver avec toute la faconde dont sa jeunesse était capable, et voilà qu'il était déjà amadoué. Le jeune homme ne fut pas un instant effleuré par l'idée de refuser. Il refit à nouveau le serment solennel. Le millionnaire eut ce sourire étrange qui parait ses lèvres vermeilles le jour où le jeune homme avait fait sa connaissance.

— Maintenant, dit-il, je vais vous livrer le secret puisque vous n'avez pas pu le déchiffrer vous-même. Je vous préviens à nouveau qu'il vous paraîtra sans doute trop simple pour être vrai. Mais ne vous laissez pas abuser par la simplicité de ce secret. Rappelez-vous, chaque fois que vous douterez, la belle simplicité de Mozart. Le génie véritable tient dans la simplicité. Comme votre âme est encore jeune, au début, vous aurez tendance à douter. Avec le temps, lorsque la richesse affluera vers vous d'une manière surprenante, vous commencerez à comprendre.

— Je vous avouerai sincèrement que c'est ce que je souhaite de tout coeur... Comprendre !

— Tant mieux car avec la compréhension véritable vient la foi. Lorsque vous aurez bien compris le secret, vous saurez pourquoi vous y croyez. Mais au début, ce secret, malgré sa simplicité, vous semblera si surprenant que vous serez incapable de le comprendre. Et dès lors, d'y croire. Alors, je vous demande seulement de faire un petit acte de foi. C'est un peu comme le défi de notre cher Pascal au sujet de Dieu. Sauf que, dans le cas qui nous occupe, c'est au sujet de la richesse. Si Dieu existe, vous aurez tout gagné par votre foi. Et s'il n'existe pas, vous n'aurez de toute façon rien à perdre. Il en est de même pour ce secret.

CHAPITRE 6

Où le jeune homme
apprend à se fixer un but

Il marqua une brève pause et reprit:

— N'hésitez pas à me poser toutes les questions qui vous viennent à l'esprit. Il me fera plaisir d'y répondre. Dans quelque temps, vous ne pourrez plus le faire. Alors, commençons. Puisque le temps qui nous est imparti est limité, ne le perdons pas en discussions inutiles. Voici une plume. Vous avez la feuille blanche?

— Oui.

— Et vous voulez être riche ?

— Oui.

— Alors, inscrivez tout simplement sur la feuille blanche le montant que vous désirez et le délai que vous vous accordez pour l'obtenir. Tel est le mystérieux secret de la richesse.

Le jeune homme crut que le millionnaire se moquait à nouveau de lui.

— Vous croyez que l'argent va me tomber du ciel parce que j'ai inscrit ces quelques chiffres sur un bout de papier ?

— Oui, se contenta de dire le millionnaire. Votre réaction ne m'étonne pas. Je vous avais prévenu de la simplicité du secret. Mais vous êtes étonné quand même. Laissez-moi vous dire ceci avant que je vous fournisse des éclaircissements: tous les millionnaires que je connais m'ont avoué qu'ils étaient devenus riches à partir du moment où ils s'étaient fixé un montant à atteindre et le délai pour y parvenir.

— Je regrette mais je ne comprends toujours pas. A quoi me sert d'écrire un montant et un délai ?

— Si vous ne savez pas où vous allez, toutes les chances sont que vous n'arriverez nulle part.

— Peut-être, mais cela me paraît relever de la magie.

— C'est précisément la magie secrète de l'objectif quantifié. Mais examinons le problème sous un autre angle. Supposons que vous sollicitiez un emploi. On vous accorde une entrevue. On vous dit, après quelque temps, que votre candidature a été retenue. On vous dit ensuite que vous êtes engagé et que vous gagnerez beaucoup d'argent. Je dis bien: vous êtes engagé et vous gagnerez beaucoup d'argent. Quelle sera votre réaction ? Eh bien, au début sans doute vous direz-vous que vous êtes content. On a retenu votre candidature parmi des dizaines, peut-être des centaines d'autres. Et comme les emplois sont plutôt rares et qu'en outre vous étiez au chômage depuis trois mois, ou que, sans être au chômage, il y avait un an que l'emploi que vous occupiez vous pesait, vous vous dites que c'est une chance inouïe. Mais une fois votre exaltation du début passée, quelle sera votre réaction, d'ailleurs parfaitement légitime ?

— Eh bien, je me demanderais quand entre en vigueur mon embauche. Et puis aussi, sans doute, ce que signifie beaucoup d'argent. Comme tout est relatif en ce bas monde, je demanderais quel est mon salaire exact et, éventuellement, les avantages assortis à mon traitement.

— Vous m'arrachez les mots de la bouche. Si, par exemple, vous demandez à votre nouvel employeur ce qu'il entend par beaucoup d'argent et que, pour toute réponse, il se contente de vous donner l'assurance que vous allez gagner vraiment beaucoup, vous ne serez guère plus avancé. Plus encore, vous croirez peut-être que cet employeur n'est pas parfaitement honnête et que s'il ne veut pas vous préciser le montant, il y a peut-être anguille sous roche, et que le montant n'est pas si important qu'il veut bien le laisser entendre. De même, en ce qui a trait à la date précise de votre entrée en fonction. S'il refuse de la préciser, vous ne serez guère content. Vous insisterez.

— Oui, dit le jeune homme qui ne pouvait faire autrement que de céder à une logique aussi simple.

— Et si malgré votre insistance vous n'obtenez pas les détails que vous sollicitez, eh bien, vous préférerez peut-être tourner les talons et aller chercher ailleurs. Et vous serez en cela pleinement justifié.

— En effet. Cet employeur serait soit peu sérieux, soit malhonnête, ce qui dans les deux cas n'est guère intéressant.

Le millionnaire paraissait content comme Socrate après s'être livré à un travail ardu de maïeutique. Il fit une pause avant de dire, ne se départant pas de son sourire, moqueur à première vue, mais au fond rempli de bienveillance :

—Tout à l'heure, ce que vous avez demandé à cet employeur imaginaire, ce ne sont ni plus ni moins que des précisions. Il ne suffisait pas de savoir que vous alliez gagner beaucoup d'argent. Vous vouliez savoir combien exactement. Il ne vous suffisait pas non plus de savoir que vous étiez embauché. Vous vouliez savoir quand vous alliez commencer. Et de préférence, vous auriez souhaité que tout cela fût mis par écrit. Parce qu'un contrat est la concrétisation d'une entente. Bien sûr, la parole donnée devrait suffire. Mais comme on dit, les paroles s'envolent et les écrits restent. Il faut faire de même avec la vie.

Ce que la plupart des gens ignorent, en tout cas tous ceux qui ne connaissent pas le succès, c'est que la vie nous donne exactement ce que nous lui demandons. Mais il faut commencer par lui demander exactement ce que nous voulons. Si votre demande est floue, les résultats seront à l'avenant. Si vous demandez le minimum, vous obtiendrez le minimum. Et ne vous étonnez pas si vous n'obtenez que cela. C'est ce que vous avez demandé.

Le millionnaire s'assura que son interlocuteur le suivait toujours, puis il poursuivit:

— Toute demande doit toujours être formulée de la même manière. Sa première qualité doit être la précision. En ce qui concerne la richesse, il faut fixer un montant et un délai pour l'atteindre. Or, que font les gens en général ? Même ceux qui désirent faire de l'argent, beaucoup d'argent ? Ils font tous la même erreur. Pour vous en convaincre, demandez à quelqu'un combien exactement il veut gagner l'année prochaine. Demandez-lui de vous répondre à brûle-pourpoint. Si cette personne est vraiment engagée sur le chemin du succès, si elle sait vraiment où elle s'en va, et si évidemment elle n'est pas gênée de vous faire cette confidence, elle devrait pouvoir vous répondre immédiatement. Or, neuf personnes sur dix seront incapable de répondre du tac au tac à cette question qui est pourtant simple. Voilà l'erreur la plus répandue.

La vie veut savoir exactement ce que vous attendez d'elle. Si vous ne le lui dites pas, elle ne vous l'accordera pas. D'ailleurs, comment pourrait-elle faire autrement ? Faisons d'ailleurs le test avec vous. Vous m'avez dit que vous aimeriez devenir riche.

— Oui.

— Maintenant, pouvez-vous me dire combien vous aimeriez gagner l'année prochaine ?

Le jeune homme bafouilla. Il avait suivi avec aisance le raisonnement du millionnaire. Il en avait admis l'admirable logique. Mais force lui était d'admettre qu'il appartenait à la vaste majorité des gens qui, bien que désireux de devenir riches, commettaient l'erreur commune de ne pas savoir précisément ce qu'ils voulaient gagner. Il rougit d'embarras.

— Je ne sais pas, dut-il avouer. Je me console cependant à l'idée que je viens de comprendre une de mes erreurs, peut-être la plus fondamentale.

— C'est une erreur grave, en effet. Mais essayons de la corriger. Allez, indiquez-moi le montant que vous avez en tête.

—Je ne sais pas, je ne sais vraiment pas, dit le jeune homme dont l'embarras croissait au lieu de diminuer.

— C'est facile pourtant, inscrivez sur la feuille le montant que vous croyez pouvoir gagner d'ici l'année prochaine. Tiens, faisons une chose, je vous donne une minute de réflexion. Après quoi, vous devez absolument écrire un montant. Quand au délai, nous l'avons à l'avance fixé à un an. Donc, votre réflexion ne doit porter que sur le montant que vous croyez pouvoir gagner. Allez, le décompte est commencé.

Et, ce disant, il renversa le sablier doré posé sur la table. Le jeune homme se prêta au jeu, si l'on peut dire qu'il s'agissait d'un jeu, car de toute sa vie jamais il n'avait eu l'impression de se livrer à un travail de réflexion aussi intense. Une foule de nombres défilaient dans son esprit en une danse incontrôlable et absurde. Le temps s'écoulait. Le délai s'acheva sans qu'il eut arrêté un montant.

— Bon, dit le millionnaire qui n'avait pas quitté le sablier des yeux de toute la période de réflexion. Quel montant avez-vous en tête ? Le jeune homme inscrivit le montant qui lui semblait le plus accessible. Il traça lentement les chiffres, avec un tressaillement.

— Quarante mille dollars ! s'exclama le millionnaire. C'est peu mais c'est tout de même un départ. J'aurais préféré 400 000 $. Il va y avoir un peu de travail à faire avant que vous ne puissiez devenir millionnaire. Mais rassurez-vous, ce ne sera pas un travail fatigant, comme la plupart des gens le croient. Ce sera cependant le travail le plus important que vous pourrez jamais accomplir de votre vie et ce, peu importe le domaine: le travail sur soi.

CHAPITRE 7

Où le jeune homme apprend l'importance de l'image de soi

C'est à ce moment que le maître d'hôtel choisit de se présenter. Le jeune homme n'avait pas pris de petit déjeuner, et les émotions de la nuit lui avaient creusé l'appétit.

Le maître d'hôtel apportait des croissants et du café. Le jeune homme mangea, pendant que sa leçon se poursuivait. Et voici la forme toute simple qu'elle prit :

— Je vais vous poser une série de questions, dit le millionnaire, pour vous aider à comprendre ce qui s'est passé en vous pendant cette minute de réflexion qui vous a sans doute paru fort courte.

— Oui, en effet.

— La première constatation que vous devez faire c'est que le montant que vous avez inscrit sur ce bout de papier signifie beaucoup plus que ce que vous pensez. En fait, ce montant représente exactement, à un sou près, ce que vous croyez valoir. A vos yeux, que vous l'admettiez ou non, vous valez 40 000 $ par année. Pas un sou de plus, pas un sou de moins.

— Je ne vois pas pourquoi vous dites cela. Si j'ai inscrit ce montant, c'est que j'ai fait preuve de réalisme. Il faut quand même avoir les deux pieds sur terre. Je ne vois vraiment pas comment, à l'heure actuelle, je pourrais gagner davantage. Après tout, je n'ai pas de diplôme, je n'ai pas un sou en banque. Et je n'ai guère de chance d'avancement là où je travaille.

— Votre façon de penser est valable sans doute en tout cas, je la respecte. Le seul problème est que c'est à cause d'elle que vous êtes dans la situation que vous connaissez actuellement. Les circonstances extérieures n'ont pas d'importance réelle. En fait, retenez bien ceci: toutes les circonstances de votre vie, que ce soit dans le domaine sentimental, social ou professionnel, sont le reflet exact de votre pensée.

Mais comme votre âme est encore jeune, elle ne comprend pas ce principe. Elle vit encore sous l'illusion, fort répandue, que ce sont les conditions extérieures qui sont déterminantes. Alors qu'au fond, dans la vie, tout est question d'attitude. La vie est exactement comme on la voit. Toutes les circonstances de votre vie vous sont amenées par vos pensées. Alors, si vous voulez changer votre vie, changez vos pensées. Cela est banal, sans doute. Et nombreux sont ceux qui dénoncent cette philosophie.

Se rendant compte que le jeune homme le suivait avec intérêt, le millionnaire continua.

— Cependant, tous ceux qui ont accompli de grandes choses, peu importent les domaines, ont toujours fait fi des objections des intellectuels et des bien pensants. Car, en fait, quoiqu'ils en disent, les intellectuels ont une pensée foncièrement matérialiste. Ils argumentent, ils raisonnent. Mais au bout du compte, la plupart du temps, leurs discussions sont stériles.

Ceci dit, il ne faut pas croire que j'ai un parti pris contre l'intelligence. Bien au contraire. Le raisonnement et la logique sont nécessaires pour atteindre le succès. Mais ils ne sont pas suffisants. Ils ne devraient être que des instruments, des serviteurs fidèles.

Or, dans la plupart des cas, ils deviennent des obstacles qui empêchent les grandes réalisations. Celles-ci sont attribuables à des êtres qui ont cru à l'esprit. Les circonstances ne les ont jamais gênés. Ils ont attiré quasi miraculeusement à eux la richesse. Et pourtant, les circonstances qu'ils vivaient étaient à toutes fins utiles les mêmes que celles de leurs contemporains. Souvent, même, elles étaient plus difficiles encore. Mais elles leur ont souvent permis de puiser davantage dans la force intérieure de leur être. Chacun d'eux a cru qu'il pourrait accomplir de grandes choses. Chaque homme riche a cru qu'il pourrait le devenir, et ce, sans l'ombre d'un doute. Et c'est pour cette raison qu'il a réussi.

Mais revenons à notre bout de papier. Et répondez à cette question. La somme de 40 000 $ n'est sans doute pas la première qui vous soit venue à l'esprit, n'est-ce pas ?

— Non, en effet.

— A quel chiffre avez-vous pensé en premier ?

— Je ne sais trop. Il y a plusieurs chiffres qui me sont passés par la tête.

— Comme quoi ?

— Eh bien, 60 000 $.

— Et pourquoi n'avez-vous pas inscrit ce chiffre ?

— Je ne sais pas, il me semblait inaccessible.

— Il le demeurera tant et aussi longtemps qu'il vous semblera inaccessible. Comme vous avez débuté avec 40 000 $, il faudra faire un gros travail de déblayage. Sinon, il vous faudra beaucoup de temps avant que vous ne deveniez millionnaire. Reprenez maintenant votre plume et notez le chiffre le plus élevé qui vous paraît accessible.

Le jeune homme obéit. Après un instant de réflexion, il écrivit 50 000 $.

— Je vous félicite, s'empressa de dire le millionnaire, vous venez de gagner 10 000 $ en quelques secondes. Ce n'est pas si mal, non ?

— Mais je ne les ai pas encore gagnés.

— C'est tout comme. Vous avez fait le plus grand pas. Vous avez élargi l'image que vous aviez de vous-même. Vous avez considéré que vous pouviez gagner 50 000 $ au lieu de 40 000 $. Ce n'est pas un progrès énorme, mais c'est un progrès.

Il y a en vous, comme en chaque être, une ville intérieure. Cette ville a l'étonnante particularité d'être exactement comme vous croyez qu'elle est. C'est ce qu'on appelle aussi votre image de soi. En augmentant le chiffre sur le bout de papier, vous avez entamé le processus pour agrandir cette image de soi, cette ville intérieure.

Comme les penseurs les plus anciens n'ont cessé de le répéter, la plus grave limite qu'un homme puisse s'imposer, et dès lors son plus grand obstacle à la réussite, c'est sa limite mentale. Agrandissez votre limite et vous agrandirez votre vie. Faites exploser votre limite et vous ferez exploser les limites dans votre vie. Les circonstances de votre existence changeront comme par magie, je puis vous en donner la ferme assurance.

— Mais comment savoir quelle est au juste ma limite mentale ? demanda le jeune homme. Cela me paraît plausible, mais en même temps fort abstrait.

— Je viens justement de vous expliquer comment découvrir votre limite mentale. Vous l'avez traduite par un chiffre sur ce bout de papier. C'est fascinant de voir à quel point il est facile de découvrir ce que chaque individu pense réellement de lui-même. Par un seul chiffre. En fait, par ce simple chiffre, chaque homme est confronté à sa limite mentale qui correspond, d'ailleurs, précisément aux limites qu'il rencontre dans sa vie. La vie se pliera infailliblement à la limite qu'un homme s'assigne. Qu'il en soit conscient ou pas.

Et ce qui est tragique c'est qu'en général ce sont précisément ceux qui échouent qui sont le moins conscients de ces grandes lois spirituelles. Ceux qui réussissent, au contraire, ont pris conscience de ce phénomène et se sont efforcés de travailler sur leur image de soi. La façon la plus simple de le faire au début est de prendre une feuille blanche et une plume et d'inscrire des montants de plus en plus grands.

Une chose est certaine en tout cas: personne ne devient riche s'il n'est d'abord persuadé qu'il peut le devenir. Alors, recommençons le petit exercice de tout à l'heure. Reprenez la plume et inscrivez un nouveau montant, plus audacieux cette fois-ci.

Le jeune homme s'accorda un instant de réflexion et inscrivit, mais non sans que cela lui parût malaisé, le montant de 80 000 $. Et aussitôt, il avoua que c'était le maximum qu'il pouvait en toute honnêteté espérer gagner.

— C'est peut-être le maximum que vous espérez gagner mais ce n'est quand même pas le maximum que vous pouvez gagner. C'est un montant plutôt modeste.

Il y a des gens qui gagnent autant d'argent en un seul mois. D'autres en une semaine. En un jour même, et cela, tous les jours de l'année. Mais je tiens à vous féliciter. Vous avez fait un grand progrès puisque vous avez réussi à doubler en quelque sorte l'image que vous aviez de vous. Votre limite mentale a considérablement été repoussée. Pas autant que je l'aurais souhaité. Mais je ne veux pas vous brusquer. Au début, il faut vous fixer un objectif audacieux, sans doute, mais qui vous paraisse raisonnable. Sinon, il serait trop difficile d'y croire.

Le secret de l'objectif est qu'il soit à la fois ambitieux et à votre portée. N'oubliez jamais cette règle quand vous vous fixerez un objectif. Mais n'oubliez pas non plus que la plupart des gens pèchent par excès de conservatisme. Ils ont peur. Ils craignent de faire éclater leur limite mentale, qui est devenue une sorte d'habitude. Ils sont habitués de mener un petit train de vie, de se priver. Ils n'osent pas rêver.

Il ne faut pas avoir peur de repousser ses limites. En une heure, tout simplement en inscrivant successivement des montants toujours supérieurs sur la feuille de papier, c'est surprenant le travail que l'on peut accomplir. Regardez-vous, par exemple.

— C'est vrai, j'ai quand même réussi en quelques minutes à doubler mon objectif.

— Et ce n'est qu'un début.

Le jeune homme dodelinait de la tête pensivement. Il ne savait vraiment pas quoi dire. Il était à demi convaincu. Cela lui paraissait trop facile.

— Evidemment, reprit le millionnaire, cette formule n'est pas seulement valable pour ceux qui veulent devenir millionnaires. Après tout, ce n'est pas l'ambition de tout le monde. Et c'est justement la beauté de ce secret. Il vaut également pour toutes les ambitions. Des plus modestes aux plus folles.

Alors, si vous voulez bien, pendant que je vais aller m'occuper de mes roses si chères, retirez-vous dans votre chambre, écrivez la phrase que je vous ai dite et notez minutieusement toutes les pensées qui vous viennent à l'esprit. Peu importe la nature de vos réflexions. Vous trouverez à cet effet du papier dans le secrétaire.

Une chose est sûre, tant que vous ne vous serez pas habitué à cette idée de devenir millionnaire, tant qu'elle ne fera pas partie de votre vie, et donc de votre pensée intime, rien ne pourra faire que vous deveniez millionnaire. Maintenant, trêve d'explications. Allez et méditez.

CHAPITRE 8

~

Où le jeune homme découvre la puissance des mots

L e jeune homme se retira donc dans sa chambre cependant que le millionnaire, que rien ne retenait plus en ce monde, si ce n'était de confier le secret qui avait éclairé toute sa vie, retourna vers ses fidèles compagnes dont le commerce quotidien illuminait ses vieux jours solitaires.

Les deux hommes s'étaient donné rendez-vous dans une heure. Au bout d'une heure précise, le maître d'hôtel vint frapper à la porte du jeune homme qui n'avait pas vu le temps passer, absorbé qu'il était dans le petit exercice que lui avait donné à faire l'excentrique millionnaire. Le maître d'hôtel annonça au jeune homme que le millionnaire l'attendait au jardin. Et il

LE MILLIONNAIRE

l'y accompagna en silence. Son hôte était assis sur un banc près de l'étang. Il tenait dans ses mains une rose fraîchement coupée. Il la contemplait. Il releva la tête lorsque le jeune homme arriva. Il paraissait extatique. Un sourire flottait sur ses lèvres.

— Et puis, dit-il, comment cela s'est-il passé ? Le petit exercice s'est bien déroulé ?

— Oui, mais il m'est venu à l'esprit beaucoup de questions que j'aimerais vous poser.

— Je suis ici pour cela, dit le millionnaire.

Et il invita le jeune homme à s'asseoir à ses côtés. Il lui tendit la rose en disant:

— C'est pour vous, gardez-la toujours, elle vous portera chance, mieux encore qu'un trèfle à quatre feuilles. Dame Chance existe vraiment, bien que peu de gens le sachent. Croyez en elle. Flattez-la de vos pensées. Demandez-lui ce que vous voulez. Elle vous répondra. Tous ceux qui ont réussi croyaient à la chance. Leur entourage les croyait superstitieux. Mais ce sont eux qui avaient raison.

— Je vous remercie. Je crois que j'aurai bien besoin de la chance, car je prévois beaucoup d'obstacles. La question que je me pose est la suivante: Comment me faire à l'idée que je deviendrai millionnaire un jour ? Je

72

ne sais même pas dans quel domaine je vais oeuvrer. Je n'aime pas le travail que je fais actuellement. Et je suis bien jeune pour devenir millionnaire.

— Ce n'est pas un obstacle. Il y a plein de jeunes gens qui sont devenus riches bien avant vous. L'âge n'est pas un obstacle. Le principal obstacle c'est de ne pas connaître le secret, et, lorsqu'on le connaît, de ne pas l'appliquer.

— Je suis bien prêt à l'appliquer, dit le jeune homme. Mais comment me persuader que je peux devenir millionnaire ?

— Il n'y a au fond qu'une seule façon. Et c'est la même que vous avez utilisée au cours des années pour vous persuader que vous ne pouviez pas facilement devenir millionnaire même si vous en aviez envie. En quelques jours vous allez développer en vous la personnalité du millionnaire. Ou en quelques semaines tout au plus. Il faut évidemment un certain temps pour défaire ce qui s'est construit depuis des années.

Le secret réside dans les mots qui sont, avec les images, l'expression privilégiée de la pensée. Chaque pensée que vous avez tend à se manifester dans votre vie d'une manière ou d'une autre. Or plus le caractère d'un individu est fort, plus ses pensées ont de la force.

Plus elles auront tendance à se matérialiser rapidement à travers les circonstances de sa vie. C'est sans doute ce qui a inspiré à Héraclite cette maxime profonde: "Caractère égale destinée".

Le vieillard se tut un instant, regarda le jeune homme comme pour vérifier qu'il suivait le cours de sa pensée, puis reprit:

— Ce qui soutient le mieux les pensées, c'est le désir. Plus le désir d'une chose est ardent, plus cette chose se matérialisera rapidement. Aussi pour être riche il faut en avoir le désir brûlant. Dans tous les domaines d'ailleurs la sincérité et l'ardeur du désir sont nécessaires au succès.

— Pourtant je désire sincèrement devenir riche. Depuis plusieurs années je fais tout pour y parvenir, et pourtant je n'y arrive pas.

— Le désir ardent est nécessaire mais il n'est pas suffisant. Ce qui vous manque c'est la foi. C'est de croire que vous pouvez devenir millionnaire.

— Mais comment parvenir à cette foi ?

— J'ai lu de nombreux ouvrages sur la question. Et celle que m'a transmise mon maître à penser de la richesse correspond à leurs conclusions. La seule manière, c'est par les mots. Par la répétition des mots.

74

Les mots ont sur notre vie, intérieure et extérieure, une puissance extraordinaire que peu de gens soupçonnent, et que la plupart n'utilisent pas. Ou plutôt tous les gens utilisent la puissance des mots dans leur vie, mais en général à leur détriment. Les mots peuvent tout.

— Je ne voudrais pas vous contredire, mais je trouve que vous exagérez. Je ne vois vraiment pas comment les mots peuvent me rendre millionnaire. Ils ont peut-être une certaine importance mais vous devez convenir qu'elle est toute relative.

Le millionnaire ne releva pas l'objection du jeune homme. Il s'absorba dans ses pensées. Puis il déclara :

— Dans le secrétaire de votre chambre, j'ai laissé un petit livre très ancien qui explique cette théorie d'une manière lumineuse. Je vous demanderais d'aller le chercher. Il est très court. Lisez-le et revenez me voir. Nous reprendrons ensuite la discussion. Pour être plus à votre aise, fermez la porte de votre chambre.

Le jeune homme acquiesça. Il retourna à sa chambre, ferma la porte comme le lui avait demandé le millionnaire et fouilla dans le secrétaire. Il n'y avait pas de petit livre. Cependant le jeune homme découvrit une lettre qui, de toute évidence, paraissait lui être adressée. Elle portait bien en évidence la mention :

Lettre à un jeune millionnaire. Il l'ouvrit. Elle ne contenait qu'un mot, écrit à l'encre rouge : ADIEU. Et c'était signé : Le millionnaire.

Le cœur du jeune homme se mit à palpiter. A ce moment il entendit derrière lui un son qu'il connaissait. Il se retourna. Il aperçut un appareil de traitement de texte dont il n'avait pas remarqué la présence. Sans doute avait-il été introduit dans la chambre en son absence. L'imprimante fonctionnait. Le jeune homme s'approcha et lut. La même phrase se répétait sans cesse: IL NE VOUS RESTE PLUS QU'UNE HEURE A VIVRE. IL NE VOUS RESTE PLUS QU'UNE HEURE A VIVRE. IL NE VOUS RESTE PLUS QU'UNE HEURE A VIVRE. IL NE VOUS RESTE PLUS QU'UNE HEURE A VIVRE.

Si c'était une plaisanterie, elle était de fort mauvais goût. D'ailleurs, cela ne pouvait faire autrement qu'être une plaisanterie. Pourquoi en effet le millionnaire aurait-il souhaité sa mort ? Il ne lui avait rien fait après tout. Mais les choses se déroulaient si bizarrement en ces lieux.

Peut-être le millionnaire était-il un fou qui dissimulait ses tendances homicides sous le couvert de la bonhomie, si ce n'est de l'humanisme.

Ses idées se brouillèrent de manière extraordinaire. La pensée qui s'imposa alors à son esprit fut que peu importait qu'il s'agît ou non d'une plaisanterie, il ne prendrait pas de risque. A la place, il prendrait la poudre d'escampette. Et le plus tôt serait le mieux. Il partirait sans demander son reste.

Peu importaient le chèque, le secret et toutes les théories abracadabrantes dont le millionnaire avait enflammé sa naïve cervelle. Il jeta la lettre sur le secrétaire et se dirigea vers la sortie.

Mais contre toute attente, la porte de sa chambre était fermée à clé et il ne put l'ouvrir. La panique s'empara de lui. Il secoua le bouton de la porte, voulut la forcer mais en vain. Cette fois c'était trop. Il était dans tous ses états. Il se précipita vers la fenêtre.

Il aperçut dans le parc le millionnaire qui s'était remis à ses travaux de jardinage. Sans trop savoir si ce qu'il faisait était sensé, il héla le vieux jardinier. Il n'eut pas de réponse.

Il appela en haussant la voix, inutilement. Le millionnaire était-il sourd? Pourtant, de près, son ouïe paraissait parfaitement intacte.

C'est ce moment que choisit le maître d'hôtel pour paraître à l'entrée du jardin. Le jeune homme l'appela d'une voix haute et forte. Mais c'était comme s'il avait parlé dans le vide. Cela ne tenait pas debout. Quel cauchemar horrible était-il en train de vivre ? C'était tout de même improbable que tout à la fois le millionnaire et le maître d'hôtel fussent sourds.

Il appela à nouveau. Un autre domestique survint. Il suivait le maître d'hôtel. Il ne parut pas davantage entendre les appels de plus en plus désespérés du jeune homme.

Décidément, si c'était un coup monté, il l'était de main de maître. Le jeune homme considéra à nouveau la possibilité de s'échapper par la fenêtre de la chambre. Mais l'aventure lui parut par trop incertaine. Il se casserait le cou.

Restait le téléphone. Ce qu'il était idiot ! Pourquoi n'y avait-il pas pensé avant ? Il se jeta littéralement sur l'appareil téléphonique. Mais qui appeler ? La police ? Bien entendu, c'était plus sûr, et plus rapide, à cette réserve près, se dit le jeune homme, que les forces constabulaires arrivent en général trop tard sur les lieux du crime.

Mais avait-il d'autres ressources ? Il composa donc le numéro du téléphoniste, qui n'avait pas une voix normale, mais lui donna cependant le numéro qu'il demandait. Il raccrocha et s'empressa de téléphoner au plus proche représentant des forces de l'ordre. Occupé. Timbre désespérant. Il rappela. Occupé à nouveau. Décidément ce n'était pas sa journée. Il raccrocha et retéléphona tout aussitôt.

C'est alors qu'il s'aperçut que le numéro qu'il composait, il l'avait devant les yeux. Pas parce qu'il l'avait noté après l'avoir obtenu du téléphoniste ? Non. Tout simplement parce qu'il était inscrit sur l'appareil téléphonique lui-même. C'était le numéro de téléphone de sa chambre.

Il avait donc été dupé. Il essaya à nouveau de sortir de sa chambre par la porte. Il tenta à nouveau de forcer celle-ci, mais ses efforts ne portèrent pas fruit.

Il retourna à la fenêtre. Il aperçut alors un homme vêtu d'une immense cape noire et d'un large chapeau à rebord qui s'avançait vers la maison. Il faillit suffoquer de terreur.

C'était sans doute l'homme de main chargé de son exécution. Il était pris. Il mourrait. Aucune issue possible. Il entendit bientôt des pas qui s'approchaient de la porte de sa chambre. Il ne s'était pas trompé. Son heure était venue.

Il s'éloigna de la porte, regarda à droite et à gauche

dans la chambre pour voir s'il ne pouvait trouver un moyen de se défendre. Il entendit la clé pénétrer dans la serrure. La porte s'ouvrit.

Et ce qui lui parut d'abord être une ombre immense se précisa. L'homme ne parla pas tout de suite, et demeura un instant immobile. Il plongea une main dans sa poche.

Le jeune homme en conclut immédiatement que c'était pour en tirer une arme.

A la place, le mystérieux et inquiétant étranger en sortit une lettre. Il releva au même moment le large rebord de son chapeau, et le jeune homme, médusé, le souffle coupé par l'horrible expectative à laquelle il était confronté, aperçut alors le visage pétri de malice du millionnaire.

— Vous avez oublié votre lettre au jardin, dit le millionnaire auquel ce déguisement de fortune donnait un aspect fort amusant. Avez-vous trouvé le petit livre dont je vous ai parlé ?

— Non, dit le jeune homme rassuré par le ton aimable du millionnaire. A la place j'ai trouvé ceci.

Et il se pencha et ramassa la lettre qui se trouvait encore sur le secrétaire.

— Pourriez-vous me dire à quoi rime cette mise en

scène grotesque ? Vous savez que je pourrais vous traduire en justice.

— Ce ne sont que des mots, quelques mots griffonnés au hasard sur du papier. Vous me traduiriez en justice pour ce malheureux bout de papier ? Ne m'avez-vous pas dit pourtant que vous ne croyiez pas en la puissance des mots ? Regardez dans quel état vous êtes.

Le jeune homme commençait à comprendre où le vieux millionnaire avait voulu en venir.

— J'ai tout simplement voulu vous donner une petite leçon accélérée. Par l'expérience, on apprend beaucoup plus vite que par la théorie. Car l'expérience, c'est la vie. N'est-ce pas le philosophe Goethe qui a dit: "Grise est la théorie, vert est l'arbre de la vie" ? Maintenant vous voyez la puissance des mots. Et leur puissance est telle qu'ils n'ont pas besoin d'être vrais pour agir sur les êtres. Ainsi, je peux vous certifier que je n'ai jamais eu d'intentions criminelles à votre égard.

— Je ne pouvais pas savoir, protesta le jeune homme qui retrouvait peu à peu son calme.

— Vous auriez cependant pu raisonner. Pour quelle raison aurais-je voulu vous tuer ? Vous ne m'avez jamais fait de mal. Et même si cela avait été le cas, je n'aurais jamais cherché à me venger. Je veux être libre de cultiver mon jardin de roses sans devoir revenir vers ce jardin qui n'est qu'une pâle imitation de celui qui m'attend. Oui, vous auriez dû raisonner un peu. N'avez-vous pas noté à quel point la raison est impuissante en pareils cas ?

Lorsque vous nous avez appelés depuis votre fenêtre et que nous avons feint de ne pas vous entendre, votre voix était désespérée. Et pourtant votre seule erreur n'a pas été de lire une menace totalement mensongère, mais d'y ajouter foi. En cela vous n'avez fait que suivre une des grandes lois de l'esprit humain. Lorsque l'imagination et la raison sont en conflit, c'est presque invariablement l'imagination qui l'emporte. D'ailleurs vous aviez d'autant plus tort de vous inquiéter que cette menace ne vous était même pas adressée.

Le millionnaire s'avança alors vers l'imprimante, l'arrêta et détacha le papier. Il le montra au jeune homme. Ce dernier s'étonna de constater qu'il n'avait en effet même pas vu que la menace ne lui était pas adressée. Au commencement c'était écrit : Jean Delarue. Le jeune homme eut un peu honte. Il s'était énervé pour rien. Absolument pour rien. Il rougit. Et le millionnaire parut comprendre le sens de ce rougissement soudain.

CHAPITRE 9

~~~~

Où le jeune homme
découvre le coeur de la rose

V ous avez compris plusieurs choses d'importance aujourd'hui. Et vous ne les avez pas seulement comprises avec votre tête. Vous les avez comprises aussi avec votre coeur. C'est, si l'on peut dire, la compréhension de la rose.

Vous savez maintenant à quel point les mots ont de l'influence sur notre vie, qu'on le veuille ou non. Même fausse, une pensée peut nous influencer, si nous y ajoutons foi, comme vous l'avez fait. Même fausse... Méditez sur ces mots... Les mots nous affectent en dépit de leur absence de vérité, pourvu qu'on y prête foi... Mais lorsque nous apprenons à retirer à une pensée sa valeur, c'est-à-dire la valeur que nous lui prêtons, notre esprit retrouve ou conserve sa quiétude. D'ailleurs, c'est bien votre esprit qui a prêté un sens à cette menace, car si elle avait été écrite dans une langue que vous ne connaissez pas, vous n'y auriez pas porté la moindre attention.

Pour permettre au jeune homme de bien saisir le sens de son discours, le millionnaire fit une courte pause, puis continua:

— A l'avenir, chaque fois que vous serez confronté à un problème, et le chemin de la fortune est semé d'obstacles, rappelez-vous cette menace. Et dites-vous que, comme cette menace, ce problème ne vous concerne pas. Cela peut vous sembler excessif puisque c'est vous qui aurez à le régler. Mais faites en sorte que l'énervement qu'il suscite ne vous touche pas. Faites comme si le problème s'adressait à un autre que vous. Je ne sais pas si je me fais comprendre.

N'acceptez jamais qu'un problème quelconque ait à vos yeux une importance suffisante pour vous faire perdre votre calme. Lorsque vous aurez atteint ce point, et ce n'est pas facile, vous aurez atteint une grande maîtrise et, je vous le dis, vous pourrez réaliser tous vos désirs.

Vous comprendrez même un jour, en tout cas, je vous le souhaite de tout coeur, que c'est là le but ultime de la vie. Le reste n'a au fond aucune importance.

Son message livré, le millionnaire se tut. Il parut s'absorber dans ses pensées. Une certaine tristesse envahit son visage. Il ajouta cependant, comme s'il s'agissait de la conclusion à tout ce qu'il venait de dire:

— La vie peut être un jardin de roses ou un enfer, selon votre esprit. Pensez à la rose. Perdez-vous dans son coeur chaque fois qu'un problème se présentera. Et pensez à la menace de l'imprimante qui était adressée à quelqu'un d'autre. Si vous le voulez, les problèmes vous sembleront toujours adressés à quelqu'un d'autre. Et ce, dans la réalité même.

Il insista de manière particulière sur ces mots.

— La plupart des gens ne peuvent comprendre ce que je viens de dire. Ils croient qu'il s'agit là d'un optimisme à tout crin. Cela est bien plus profond. Cela est un grand principe de l'esprit. Pour celui qui ne voit pas le mal, le mal n'existe pas.

Les circonstances de votre vie sont le miroir de votre vie intérieure. S'il n'y a en vous aucune faiblesse, aucune vibration qui attire un problème ou le mal, alors le mal ne peut vous atteindre et aucun danger ne vous menace. Affirmez continuellement ce principe que nul mal n'existe, et concentrez-vous dans le coeur de la rose.

Là, en ce lieu ardent de votre concentration, vous trouverez la vérité et l'intuition dont vous aurez besoin pour vous guider dans toutes les circonstances de votre vie. Et vous trouverez également cette chose si rare sur Terre: l'amour de tout ce que vous faites. Et l'amour pour les autres. C'est là le double secret de la richesse véritable.

CHAPITRE 10

Où le jeune homme
découvre le pouvoir de son génie intérieur

L e temps de reprendre son souffle, le millionnaire insista:

— C'est pour cette raison que la formule que je vous ai donnée est si puissante. Même si au début vous trouvez invraisemblable de pouvoir devenir millionnaire, vous allez pouvoir le devenir. Vous n'aurez qu'à faire avec la formule secrète ce que vous avez fait avec la lettre. Acceptez pour vrai ce qu'elle affirme. Car le grand secret de toutes les réussites, c'est de croire. Si vous croyez que vous pouvez réaliser une chose, vous pourrez la réaliser.

— Avec la lettre, je me suis laissé duper, j'avais perdu la tête. Mais avec cette formule, c'est autre chose. Je fonctionne à froid, cela m'est plus difficile de croire que je puisse devenir millionnaire si facilement.

— Même si vous ne croyez pas en la formule, elle commencera à agir en vous. Plus vous l'intérioriserez, plus elle deviendra puissante. L'avantage c'est que ce n'est pas votre raison, ou ce qu'on appelle votre esprit conscient que vous devez convaincre. Rappelez-vous l'exemple de la lettre de menace. Ce n'est pas votre raison qui a été convaincue. Cette menace vous paraissait absurde, à raison d'ailleurs. Mais comme on dit, c'était plus fort que vous. Il y a une partie de vous-même qui l'a emporté. C'est l'imagination. Et l'imagination n'est au fond que le reflet de ce que nous appelons le génie intérieur. Nombre d'auteurs lui donnent différents noms, comme le subconscient. Mais c'est tout simplement la partie cachée de notre esprit. Elle est beaucoup plus puissante que la partie visible. Elle oriente toute notre vie. Je pourrais passer des heures à vous parler de la théorie du subconscient. Mais il vous suffit de savoir que le génie intérieur est extrêmement sensible à la puissance des mots. Ainsi, savez-vous pourquoi vous avez tant de difficultés à accepter le fait, pourtant tout à fait plausible et fort réalisable, que vous puissiez rapidement devenir millionnaire ?

— Non.

— Eh bien, tout simplement parce que depuis des années, des paroles, des pensées, donc des mots, se sont inscrits dans votre subconscient. De façon profonde. En fait, chaque expérience que vous vivez, chaque pensée que vous avez, chaque parole que vous entendez s'inscrit de manière indélébile dans votre subconscient. Cette mémoire prodigieuse constitue à la longue ce qui devient votre image de soi.

Vos expériences passées et le monologue intérieur que chaque individu se tient continuellement ont fait que vous vous êtes convaincu, sans d'ailleurs vous en rendre compte, que vous n'étiez pas le genre de personne qui puisse devenir millionnaire, même si en toute objectivité vous avez toutes les qualités pour y parvenir, et d'ailleurs, plus aisément que vous ne croyez. Cette image de soi est si puissante qu'elle devient en quelque sorte votre destin, sans que vous ne vous en rendiez compte.

Les circonstances de votre vie extérieure se conforment avec une précision quasi hallucinante à l'image que vous vous faites de vous-même. Pour devenir riche, il faudra donc que vous refassiez en vous une nouvelle image.

— Oui, mais le problème me semble entier. Je suis bien prêt à accepter toutes ces théories, le seul ennui c'est que je ne vois pas comment je vais parvenir à me convaincre que je peux devenir millionnaire.

— C'est pourtant vraiment simple. Pensez à nouveau à la menace de tout à l'heure. Elle n'était pas vraie et pourtant elle vous a affecté comme si elle l'était. Vous n'aurez donc qu'à vous jouer la comédie. Votre génie intérieur n'y verra que du feu. Lorsque vous étiez jeune, et même plus tard par la suite, chaque fois que vous avez accepté une suggestion, même si elle n'était pas vraie, vous avez en quelque sorte dupé votre génie intérieur. En tout cas, vous lui avez fait accepter pour vrai ce qui en soi ne l'était pas nécessairement.

Eh bien, vous allez faire la même chose. Le génie intérieur peut être influencé à volonté. Et une fois qu'il a été influencé dans le sens que vous souhaitez, ce qui au fond n'est qu'un jeu d'enfant, vous pourrez obtenir de la vie exactement ce que vous voudrez. Pourquoi ? Parce que votre subconscient sera convaincu que vous pourrez obtenir toutes les choses que vous désirez. Il les acceptera comme vraies.

Sentant que le jeune homme était de plus en plus intéressé, le millionnaire poursuivit:

— Donc, l'essentiel est de faire semblant, de faire comme si. Pourquoi cela marche-t-il avec le génie intérieur? Tout simplement parce que le génie intérieur, malgré sa grande puissance, ne jouit pas de discrimination. Pensez à nouveau au cas de la lettre de menace.

Votre génie intérieur n'a pas été en mesure de faire la différence entre ce qui était objectivement vrai et ce qui ne l'était pas. Et il a réagi dans une direction bien déterminée. Si votre esprit n'avait pas accepté la suggestion contenue dans la lettre, s'il avait en quelque sorte fermé l'accès à votre génie intérieur, eh bien, vous n'auriez pas eu la réaction violente que vous avez eue. Vous seriez resté parfaitement calme, et vous auriez attendu que la situation s'éclaircisse d'elle-même.

— Oui mais s'il y a conflit entre mon génie intérieur et mon esprit conscient ? Si mon esprit conscient n'accepte pas l'idée de la richesse ?

— La meilleure manière de surmonter l'obstacle, je pense d'ailleurs que c'est la seule manière et en tout cas c'est sans contredit la plus rapide, c'est la répétition.

— La répétition ?

— Oui, ou ce qu'on appelle aussi l'autosuggestion. Chacun en est la victime au cours de sa vie. A chaque jour, on subit l'influence de la suggestion et aussi de l'autosuggestion. Le monologue intérieur que l'on se tient de manière ininterrompue modèle nos vies.

L'un se répète qu'il n'arrivera jamais à rien dans la vie, qu'il n'est pas fait pour réussir parce que son père était un raté ou parce que lui-même a subi un échec qui, à ses yeux, lui paraît définitif. Et dans sa vie, il va effectivement d'échec en échec, non parce qu'il n'a pas les facultés nécessaires à la réussite, mais plutôt parce que c'est ainsi que, sans trop le savoir, il se voit. Tel autre croit qu'il ne peut pas plaire, trouver de partenaire. Et pourtant, il est plein de charme. La puissance de l'image mentale joue à nouveau. Et elle crée les circonstances qui font que les partenaires potentiels s'éloignent.

Cette répétition de formules négatives qui a tant d'impact sur nos vies peut, cependant, être utilisée à d'autres fins. Et c'est ce que nous allons faire. Le génie intérieur est un esclave qui, pourtant, peut nous dominer. Sa puissance est immense mais en même temps elle est aveugle. Il faut lui jouer la comédie.

Il aurait été excessif de dire que le jeune homme

comprenait tout ce qu'il entendait, et pourtant l'impression générale qu'il retenait lui paraissait favorable. Il lui semblait qu'il mettait le doigt sur son problème. Il attendait avec impatience la suite.

— La beauté de cette théorie est qu'on n'a pas vraiment besoin d'y croire pour l'utiliser. Seulement, pour obtenir des résultats, il faut quand même l'utiliser. Les résultats n'arriveront pas tout seuls. Mais le secret est simple: tout tient dans la répétition. Au début il faut que vous fassiez comme pour le pari de Pascal. Même si vous n'y croyez pas, essayez. Au moins pendant quelques jours. Cela suffira pour que le changement commence à s'opérer en vous. Cette formule vous paraîtra sans doute simple, voire simpliste, mais je vous le dis, c'est le secret le plus puissant qui existe sur Terre. Souvenez-vous du magnifique incipit de la Bible: "Au commencement était le Verbe."

Le millionnaire marqua une pause, puis continua:

— Il est important de coucher votre objectif sur papier. Prenez un crayon et jouez avec les chiffres et les années. N'ayez pas peur. Cela ne peut pas vous faire de mal. Les montants vous deviendront de plus en plus familiers à mesure que vous les manierez. Des milliers de gens veulent s'enrichir et pourtant il n'y a pas un individu sur cent qui s'astreint à passer une heure à tracer sur papier, avec chiffres à l'appui, l'itinéraire qu'il entend suivre pour arriver à ses fins. Distinguez-vous ! Dressez des plans et des tableaux. Faites des projections jusqu'à ce que vous ayez trouvé le plan d'enrichissement qui vous convient. Ce sera votre plan ! Laissez aller votre imagination.

Il faut commencer par rêver pour s'enrichir. Et il faut savoir quantifier son rêve. Le transposer en chiffres, en dollars et en dates ! Cela devrait d'ailleurs être un des premiers exercices auxquels vous devriez vous livrer. Jonglez avec les chiffres. Vous verrez à quel point ce simple jeu vous révélera à vous-même. Le seul fait de mettre par écrit votre objectif avec les délais et les montants que vous vous êtes fixés est le premier pas vers la transformation de votre idéal en son équivalent matériel.

En traçant vos objectifs, vous ferez peut-être la constatation qu'il vous faut un changement pour atteindre votre objectif, et vous vous demanderez peut-être comment diable vous allez parvenir à gagner 5 000 $ ou 10 000 $ de plus par année. Ne vous en faites pas. Ce n'est pas grave.

Ce qui compte, c'est de bien imprégner votre génie intérieur de votre objectif dûment écrit avec tel ou tel montant et un délai pour l'atteindre. Votre génie fera le reste. Soyez à l'écoute. Et comme vous avez pris conscience que les choses ne s'amélioreraient pas par elles-mêmes si vous ne faites rien, lorsque l'occasion ou la chance se présentera, saisissez-la sans hésiter. Ne vous laissez pas paralyser par la peur qui empêche tant de gens de vivre leur rêve.

A ce point de son exposé, le millionnaire crut bon d'apporter un exemple pour mieux illustrer sa théorie.

— Il y a quelques années, dit-il au jeune homme, je songeais à engager un directeur pour l'une de mes compagnies. J'avais estimé que j'étais prêt à lui offrir un salaire annuel de 65 000 $. Lorsque vint le temps de discuter des clauses salariales, il me dit d'une voix un peu sèche, nerveuse et presque péremptoire, qu'il n'accepterait rien en bas de 40 000 $.

Après une hésitation, je lui dis, comme si je lui faisais une concession, que vu sa compétence je me rendais à sa demande.

S'il m'avait demandé 45 000 $, je les lui aurais également accordés. De même pour 50 000 $ et même 65 000 $ puisque c'est ce que j'étais prêt à lui offrir avant même l'entrevue. Et même cette entrevue m'avait plu au point que j'aurais peut-être accordé à ce candidat 5 000 $ de plus que ce que je songeais au départ à lui donner

Ce directeur, que j'ai embauché, avait donc perdu 20 000 $, en quelques minutes.

Pourquoi avait-il perdu cet argent ? Tout simplement parce qu'il ne croyait pas valoir 65 000 $ par année. Je dois même avouer qu'en l'entendant formuler sa demande, j'ai eu un instant d'hésitation, et j'ai failli renoncer à l'embaucher. Il était le mieux placé pour estimer sa valeur. Or il me disait ni plus ni moins qu'il était un directeur à 40 000 $ et je cherchais un directeur à 65 000 $.

Ne faisais-je pas un mauvais choix ? Ne me trompais-je pas d'homme ? L'avenir me prouva que j'avais fait un bon choix en l'engageant. Et une économie... Son problème est qu'il manquait de confiance en lui et ne s'estimait pas à sa juste valeur. Problème qu'il corrigea avec les années. Ce qui me coûta d'ailleurs de substantielles augmentations de salaire. Mais il les valait...

Ce qu'il faut retenir de cet exemple banal, c'est que j'ai agi avec ce jeune directeur comme la vie agit avec chacun de nous. Elle nous donne exactement ce que nous lui demandons. Ni plus ni moins. Nous oublions cependant qu'elle est généralement prête à nous donner beaucoup plus que ce que nous croyons ou que ce que nous sommes habitués de lui demander. J'ai beaucoup parlé, conclut le millionnaire. Que pensez-vous de tout cela ?

— Tout cela paraît trop beau pour être vrai, objecta le jeune homme, qui avait néanmoins suivi avec grand intérêt la démonstration du millionnaire.

— C'est pourtant grâce à cette méthode si simple, et aucune autre, que je suis devenu millionnaire, et que tous ceux à qui je l'ai expliquée le sont devenus à leur tour. La puissance de la parole est immense. Plus votre caractère deviendra fort, plus votre parole tendra à devenir un véritable décret. Tout ce que vous affirmerez avec la puissance de votre conviction intime, raffermie par le feu de la répétition, se concrétisera avec une rapidité de plus en plus grande.

— A vous entendre exposer votre théorie, on croirait qu'il s'agit d'un jeu pur et simple, l'interrompit le jeune homme.

— Peut-être. Mais qui a dit que la vie devait être difficile? Ceux qui réussissent ou ceux qui échouent?

La seule chose que je vous demande est de donner sa chance à la méthode que je viens de vous enseigner. Personne ne peut le faire à votre place. Il faut répéter votre formule matin et soir, à haute voix, au moins 50 fois. Et davantage si vous le pouvez. Même 100 fois.

— Ma formule ? Que voulez-vous dire au juste ?

— La formule que vous aurez établi par écrit. Par exemple que d'ici le mois de juin de cette année, vous aurez trouvé un emploi ou une affaire qui vous permettra de gagner un salaire annuel de 60 000 $. Vous pouvez d'ailleurs utiliser cette formule pour tout ce que vous désirez obtenir. Par exemple un travail si vous êtes au chômage. Un poste plus intéressant. Une promotion. Une manière d'atteindre les objectifs que votre compagnie vous a fixés.

— Ah bon, je vois... Il n'y a pas de restrictions.

— Oui. Il faut que vous utilisiez la formule pour faire le bien, sinon sa puissance se retournerait contre vous.

— Je comprends.

— Vous verrez, répétez la formule une centaine de fois d'affilée n'est pas chose si aisée. Cela est d'ailleurs en soi un exercice. L'esprit est par nature vagabond. Au bout d'une dizaine de répétitions, vous penserez à autre chose.

Ramenez alors votre esprit et recommencez à zéro jusqu'à ce que vous parveniez à atteindre 50 ou 100 répétitions. Si vous êtes incapable de vous soumettre à cette petite discipline élémentaire, aussi bien renoncer à devenir riche. Voilà le défi que je vous lance, mon jeune ami. Et je sais que vous pouvez le relever. Il vous suffit de persévérer.

— Pourquoi répéter à haute voix la formule ?

— Cela agira de manière plus puissante sur votre esprit. L'ordre que vous donnerez à votre génie aura l'air de venir de l'extérieur et paraîtra plus impératif. Usez d'une voix monocorde. Bien modulée. Articulez. Prononcez la formule comme une incantation, ou comme ce que les Orientaux appellent un mantra. La formule acquerra avec le temps une sorte de vie propre.

Le jeune homme était impressionné par les propos du millionnaire. Ce dernier ne souriait plus. Il parlait avec gravité, un peu comme un oracle.

— Au début, vous verrez, vous serez probablement gêné par le son de votre voix, et par le sens même de la formule que vous répéterez. Mais progressivement, vous vous y habituerez. L'objectif que vous vous étiez fixé et qui vous semblait audacieux vous paraîtra accessible. Mais vous devez persévérer. Dans le doute, pensez à moi. Je serai à chaque instant avec vous, même depuis mon lointain jardin. Et ma force sera avec vous. Vous réussirez.

— Vous le croyez vraiment ? demanda le jeune homme pas encore tout à fait convaincu.

— Pourquoi en douterais-je ? Vous deviendrez comme moi un millionnaire. Car la loi secrète de la vie, dans tous les domaines, c'est que celui qui comprend le principe véritable obtient le pouvoir. Ce n'est plus qu'une question de temps maintenant avant que vous ne deveniez effectivement millionnaire. Vous l'êtes déjà en esprit et c'est ce qui est le plus important.

Ce que votre esprit a jadis construit, et qui était négatif ou étriqué, il peut aujourd'hui le reconstruire. Ainsi, vous pourrez façonner votre vie à votre guise. Vous serez enfin maître de votre destinée. Vous pourrez devenir exactement ce que vous avez toujours rêvé de devenir, même dans vos rêves les plus fous, mon jeune ami. Et personne, je dis bien personne ne pourra vous en empêcher, sinon vous-même. Car vous pouvez être pour vous-même votre plus grand ami, mais aussi votre plus grand ennemi.

Une grande émotion avait gagné le jeune homme. Personne ne lui avait jamais tenu de tels propos. En tout cas pas son père, ni son patron, ni aucun de ses professeurs. Il lui semblait que ce que lui disait le vieil homme avait une portée beaucoup plus grande que ce qu'il avait d'abord cru. Bien sûr, ses méthodes étaient un peu curieuses. Mais qu'importait, si elles étaient efficaces ?

CHAPITRE 11

Où le millionnaire
parle du bonheur

P our vous aider, pour vous soutenir dans cette vaste et magnifique entreprise qui vous permettra de façonner votre vie et de réaliser tous vos rêves, reprit le millionnaire, je vais vous donner une autre formule, plus générale. Elle vous aidera à obtenir des bénéfices dans toute votre vie et pas seulement à acquérir la richesse matérielle.

C'est de la plus haute importance, car dans votre quête de richesse, ne perdez jamais de vue que si vous perdez le bonheur, vous aurez tout perdu. Or la quête de la richesse peut facilement devenir une obsession qui empêche de profiter de la vie. Comme dit le dicton célèbre: "Que sert à l'homme de gagner l'univers s'il vient à perdre son âme ?"

L'argent est un excellent serviteur, mais un maître tyrannique.

Il faut être vigilant. Ainsi, John Rockefeller, qui était l'homme le plus riche du monde, était si préoccupé et écrasé par ses soucis qu'à l'âge de cinquante ans il était devenu un vieillard et était, pour ainsi dire, condamné à mourir. Il ne pouvait plus se nourrir que de pain et de lait tant son estomac était mal en point. Il vivait dans la crainte constante de perdre son argent et d'être trahi par ses collaborateurs. L'argent était devenu son maître et il ne pouvait même plus en jouir. D'une certaine manière, il était plus pauvre que le simple petit employé de bureau qui pouvait déguster un bon repas.

— Tout en faisant miroiter la fortune à mes yeux, dit le jeune homme, on dirait que vous avez le don de m'effrayer.

— Telle n'est pas mon intention cependant, répliqua le millionnaire, et la formule que je vais vous donner vous évitera de tomber dans le panneau où sont souvent tombés ceux qui sont partis à la conquête de la richesse. Il s'agit en fait d'une variante de la célèbre formule d'Emile Coué:

"De jour en jour, à tout point de vue, je vais de mieux en mieux." Répétez cette formule matin et soir, à voix haute, cinquante fois. Et autant de fois que vous le pouvez dans la journée. Plus vous la répéterez, plus elle agira.

Mon mentor me révéla également une autre formule, à mon avis encore plus puissante. C'est du moins ce que ma propre expérience m'a enseigné. Evidemment je vous la recommande chaudement. Certes elle a un côté religieux et pour cette raison elle rebute certains individus. C'est dommage car ses effets sont incommensurables. La répétition de cette formule m'a apaisé dans les moments difficiles de ma vie, car j'en ai eu moi aussi à mes débuts. Elle m'a apporté les réponses dont j'avais besoin dans les moments importants de ma vie. Elle m'a surtout apporté le calme qui est la plus grande manifestation de la puissance. La voici: "Apaise-toi et sache: je suis Dieu." Répétez-la tous les jours autant de fois que vous pouvez. Elle vous apportera l'état d'esprit nécessaire pour traverser les tempêtes de l'existence.

Lorsque mon maître à penser me l'a révélée il m'a dit que s'il pouvait me confier un seul secret avant de mourir, c'est cela qu'il me dirait: "Apaise-toi et sache: je suis Dieu."

Le jeune homme écoutait avec beaucoup d'attention le discours du vieil homme. Il éprouvait le sentiment — assez curieux et inexplicable — que c'était peut-être le premier homme vraiment heureux qu'il lui était donné de rencontrer.

— La plupart des gens cherchent le bonheur, reprit le millionnaire, sauf qu'ils ne savent pas au juste ce qu'ils recherchent. Aussi est-ce inévitable qu'ils meurent sans l'avoir jamais trouvé. Evidemment, il y a plusieurs définitions du bonheur. Mais chose certaine, ne minimisez pas l'importance du bonheur que vous trouvez dans votre travail. Le travail est la moitié de votre vie.

Si vous êtes frustré à votre travail, vous aurez d'énormes difficultés à être heureux dans le reste de votre vie. Je sais bien que nous vivons à une époque de grande difficulté économique où c'est presque déjà un exploit en soi de trouver ou de garder son travail. Et pourtant, ne perdez pas de vue, malgré la situation économique, que vous devez tendre à faire un travail que vous aimez vraiment.

Demandez-vous : "Si je devais mourir ce soir, pourrais-je me dire à l'instant de ma mort que j'ai fait dans la journée ce que je devais faire pour être vraiment heureux et me rapprocher de mon objectif ? Ai-je été heureux aujourd'hui ? Ou ai-je remis à plus tard le moment où je serai heureux ?"

— Je vois, dit le jeune homme qui ne pouvait s'empêcher de penser aux longues journées, aux longues semaines où il avait rongé son frein au bureau, frustré, ne sachant trop que faire.

— Quand chaque jour vous aurez fait exactement ce que vous sentiez intérieurement devoir faire, quand chaque jour vous aurez fait ce que vous aimez vraiment faire, au lieu de le reporter continuellement à plus tard, vous vous sentirez véritablement heureux, parce qu'alors vous vous sentirez libre à chaque jour de quitter ce monde.

Un seul jour, même un seul instant de vrai bonheur, nous délivre de la peur suprême, qui nous empêche de vraiment vivre: la peur de la mort.

J'admets volontiers que cette philosophie peut vous paraître, à première vue, une philosophie de la mort. Et pourtant, c'est une philosophie de la vie. Car ceux qui ont renoncé à leurs rêves sont, pour ainsi dire, des morts vivants. On croit trop souvent qu'on a tout son temps, que le vie est éternelle, puis on se réveille un jour et on s'aperçoit qu'il est trop tard, on a raté le train.

Il y eut un moment de silence puis le millionnaire dit encore :

— La vie humaine est le don le plus précieux qui soit. Sa valeur est inestimable. Chaque homme, s'il est digne de ce nom, doit un jour où l'autre, dans le tumulte et le bruit de sa vie, prendre une heure pour répondre aux questions essentielles: " Suis-je vraiment heureux ? Si je mourrais demain, serais-je fier du bilan de ma vie actuelle ? Si je savais que je mourrai dans un an, continuerais-je à faire un travail que je considère avilissant, et en tout cas ennuyeux ?

Continuerais-je à manquer de respect à ce que je suis vraiment, à la divinité qui est en moi, à mon génie secret qui n'attend que mes ordres pour s'exprimer ? Si je mourrais demain, pourrais-je dire que je n'ai pas, comme l'homme de la parabole, enterré, par peur et par lâcheté, les talents que j'ai reçu au lieu de les faire prospérer au soleil sublime de la vie ? Si je savais que j'allais mourir dans un an, accepterais-je de continuer à vivre comme l'ombre de moi-même ? A me manquer de cet élémentaire respect de moi-même qui consiste à m'obliger à faire ce que je n'aime pas faire ? Comme si j'étais un esclave, alors que je peux être un maître ?

Pourquoi être pour vous-même votre pire ennemi ? Pourquoi ne pas devenir votre meilleur ami?

Quel idiot vous a convaincu que vous ne méritiez pas ce qu'il y a de mieux dans la vie ? Et pourquoi avez-vous cru en cet idiot ?"

Un silence suivit ces paroles. Le vieux millionnaire reprit alors en manière de conclusion à cette longue série de questions:

— Le secret du bonheur est donc de vivre comme si chaque jour était le dernier qui nous soit donné. Devenez un vrai révolutionnaire. Vivez avec cette pensée: " Je n'accepte pas de mourir en me disant que je n'ai pas eu le courage de faire ce que je voulais faire. Je ne veux pas mourir avec la pensée révoltante que je me suis fait avoir par la société. Qu'elle a brisé mes rêves. Il ne faut pas que vous mouriez avec ce sentiment affreux que vos peurs ont été plus fortes que vos rêves et que vous n'avez pas fait ce qui vous aurait plu. Il faut savoir oser.

— Mais comment faire pour savoir si je fais le bon métier ? Je ne connais pas de métier qui ne comporte certains inconvénients.

— Une manière quasi infaillible de savoir si votre métier vous plaît vraiment est de vous poser la question : "Si j'avais un million en banque, continuerais-je de faire le métier que je fais ?" En général, les rares êtres qui peuvent répondre oui à cette question sont précisément ceux qui sont millionnaires. Et qui le sont devenus parce qu'ils aimaient passionnément leur travail. Et parce qu'ils ont eu le courage de plonger, de s'affirmer, de mettre de côté leurs peurs. Avec le temps, vous verrez qu'une des choses les plus importantes c'est de raffermir votre caractère, votre esprit, votre volonté.

Les Anciens l'avaient déjà compris, et ce qui était vrai il y a deux mille ans l'est encore aujourd'hui parce que la Vérité est éternelle. Héraclite a dit : "Caractère égale destinée".

Renforcez votre esprit et les circonstances se plieront à vos désirs. Vous dominerez votre vie. Vous comprendrez alors que votre vie est le miroir parfait de votre pensée. Et que tout ce que vous pouvez penser, et croyez pouvoir réaliser, vous pouvez aussi le réaliser.

Votre esprit est votre plus grande puissance et votre plus grande richesse. Servez-vous en. Cessez de dormir! Eveillez-vous !

Il y eut un bref silence, puis le millionnaire suggéra :

— Venez, faisons quelques pas dans le jardin pour nous délasser. Il me plaît de faire avec un ami ma dernière promenade.

Le jeune homme s'attrista de ces paroles plutôt graves. Le millionnaire n'en était pas à la première allusion du genre. Comme s'il savait que sa mort était proche. Les deux hommes marchèrent en silence.

CHAPITRE 12

Où le jeune homme reçoit un surprenant cadeau

L e millionnaire s'arrêta devant un rosier dont les fleurs étaient magnifiques. Il se pencha et huma une rose, longuement. Il paraissait perdu dans une sorte de contemplation. Il se redressa bientôt pour dire :

— Il y a sans doute des milliers de fois que je respire le parfum de mes roses, et pourtant, chaque fois, je le trouve différent. Savez-vous pourquoi ? Parce que j'ai appris à vivre dans l'instant présent. Oublieux du passé, insouciant de l'avenir. Vous aussi, mon jeune ami, vous pouvez en faire autant. Le secret est fort simple. Il réside dans la concentration de votre esprit.

Plus votre esprit est concentré, plus il vit dans le moment présent, plus il est absorbé dans ce qu'il fait. La concentration est la clé du succès dans tous les domaines. Plus vous serez concentré, plus vous pourrez travailler rapidement et efficacement. Vous verrez des détails qui échappent aux autres.

— Est-ce que tous ceux qui ont réussi ont aussi appris à se soucier des détails ? demanda le jeune homme.

— Je puis vous l'assurer, et avec une concentration accrue, vous ferez vous-même des observations judicieuses sur les choses. Vous apprendrez aussi à juger correctement les êtres que vous rencontrez. Votre concentration vous permettra de voir du premier coup d'œil qui ils sont vraiment. Et avec la concentration, vous deviendrez "réaliste", dans le sens véritable du mot. Ou en tout cas, dans son sens le plus profond. Vous verrez les choses comme elles sont. Il n'y aura plus entre elles et vous ce filtre de pensées et de rêveries qui empêche la plupart des gens de les voir vraiment. Continuellement distraits, ils traversent la vie comme des somnambules. Ils ne voient ni les choses ni les gens qu'ils rencontrent. Ils vivent comme dans un rêve. Ils ne sont jamais au présent. Ils ne sont donc, à proprement parler, jamais là. Leurs erreurs et leurs échecs passés les hantent. Les inquiétudes face à l'avenir les habitent.

— Il me semble pourtant que j'ai une assez bonne concentration.

— Votre concentration n'est pas mauvaise en effet, car je vois que vous écoutez très attentivement ce que je vous dis. Mais avec de l'exercice, cette concentration peut réellement être décuplée. Vous en serez le premier étonné. Lorsque votre esprit atteindra un bon degré de concentration, votre faculté de régler vos problèmes deviendra formidable. Vous ne deviendrez pas insouciant, mais justement "réaliste". Au lieu de dépenser inutilement votre énergie nerveuse à vous faire de la bile pour vos problèmes, vous vous appliquerez à les régler. Car n'oubliez pas que toutes les angoisses du monde, toutes les inquiétudes n'ont jamais rien fait pour régler un problème. Par contre, elles ont causé bien des ulcères d'estomac et des infarctus. Mais une concentration accrue ne vous aidera pas seulement à régler vos problèmes.

Votre vision de vous-même changera. Vous percerez l'énigme de votre vie. Vous saurez pourquoi vous vivez, jeune ami.

Vous saurez pourquoi vous êtes placé dans le monde à l'endroit précis où vous êtes. Bientôt, une pensée extrêmement apaisante et rassurante commencera à vous habiter. Vous vous direz, comme après un long sommeil : "Ah ! Voilà qui je suis. C'est pour cette raison que je suis ici en ce moment. C'est pour cette raison que je fais ce que je fais. C'est pour cette raison que je le fais avec telle ou telle personne."

Vous acquerrez alors ce que j'appelle le sentiment de la destinée. Vous comprendrez votre vie, et un sentiment d'acceptation s'imposera à votre esprit. Cela veut-il dire que vous vous résignerez à votre sort ? Non, pas du tout. Mais comme vous verrez clairement la position dans laquelle vous serez à ce moment, vous l'accepterez d'une certaine manière. En ce sens que vous verrez quel est votre point de départ précis pour orienter votre carrière future, et prendre solidement en main les rênes de votre destinée.

Le millionnaire se tut. Il se pencha à nouveau vers la rose qu'il avait humée, et respira une fois de plus son parfum.

— Depuis des millénaires, reprit-il, la rose est un symbole de la vie. Si vous dominez votre esprit, vous verrez en quel sens. Les épines sont le chemin de l'expérience : les épreuves que chaque homme doit traverser pour accéder à la beauté véritable de l'existence. Et ce disant, le millionnaire tira de l'une de ses poches un sécateur. Il coupa une rose. Et il l'offrit au jeune homme.

— Gardez aussi cette rose toute votre vie, dit-il. Elle vous servira de talisman. Elle vous portera chance. Chaque fois que vous en ressentirez le besoin, retrouvez cette rose. Elle vous donnera de la force. Et chaque fois que vous douterez de vous, que la vie vous paraîtra par trop difficile, revenez vers cette rose, et souvenez-vous du symbole qu'elle représente.

Chaque épreuve, chaque difficulté, chaque erreur se transformera un jour ou l'autre en un magnifique pétale. Comme cette tige emplie d'épines, la souffrance conduit à la lumière, et vous fera atteindre la beauté. Chaque jour, mon jeune ami, réservez-vous un moment pour vous concentrer dans le coeur d'une rose. A défaut d'une rose, prenez une autre fleur, ou concentrez-vous sur un point noir ou un objet brillant. Vous pouvez en même temps répéter mentalement la formule que mon mentor m'a léguée : "Apaise-toi, et sache : je suis Dieu." Fixez cette rose ou ce point noir de plus en plus longtemps. Quand vous pourrez le faire une

vingtaine de minutes, votre concentration sera
excellente. Que votre coeur devienne comme cette
rose. Et votre vie sera transformée.

Le jeune homme eut à peine le temps de humer le
parfum de la rose que le millionnaire reprit :

— Je vous le dis encore, le secret est dans la
concentration de votre esprit. Lorsque votre esprit sera
devenu ferme et assuré, par la pratique de la
concentration, vous vous rendrez compte que les
problèmes de l'existence n'auront plus d'emprise sur
vous. Je ne dis pas qu'ils n'existeront plus, mais ils
n'auront plus d'emprise. Vous comprendrez alors ceci
qui, à première vue, peut sembler une évidence : "Les
choses n'ont d'importance que celle qu'on leur accorde
par notre esprit."

Un problème n'en est un que si vous considérez
qu'il en est un. Qu'est-ce à dire ? Si vous considérez que
rien n'est grave, que rien n'a véritablement
d'importance, alors rien ne sera grave à vos yeux, rien
n'aura véritablement d'importance. Les problèmes
vous paraîtront grands dans l'exacte mesure où votre
esprit sera faible. Plus votre esprit sera fort, plus les
problèmes vous paraîtront insignifiants. Tel est le

secret d'une paix constante. En fait, toute la vie n'est au fond qu'un long exercice de concentration.

Il se tut, puis regarda le ciel, qui s'assombrissait de manière inquiétante.

— Ces nuages annoncent l'orage, dit le jeune homme.

— C'est vrai, dit le millionnaire. Mais rappelez-vous toujours qu'à une certaine hauteur il n'y a jamais de nuages. Regardez toujours plus longtemps dans le coeur de la rose. Là vous découvrirez le chemin qui conduit pour toujours au-dessus des nuages, où le ciel est toujours bleu. Ne perdez pas votre temps à tenter de chasser les nuages, qui se renouvellent sans cesse. Ayez la compréhension juste. Rentrons, si vous voulez.

Ils quittèrent le jardin d'un pas rapide, et le millionnaire invita son jeune ami à passer au salon de sa belle résidence où le maître d'hôtel leur apporta du vin.

Par un romantisme que le jeune homme ne voulut certes pas critiquer, le vieillard alluma un candélabre à sept chandelles.

Une question tracassait le jeune homme depuis un bon bout de temps, et il profita de ce que le millionnaire se taisait pour la lui poser candidement:

— Mais si je veux tout quitter pour faire ce qui me plaît vraiment, où prendrai-je l'argent pour débuter ? Je n'ai pas un sou qui vaille.

— De quelle somme auriez-vous besoin ?

— Je ne sais pas, au moins le salaire d'un an... 25 000 $.

— Vous devriez pouvoir trouver. Cherchez un peu. Quelles sont, à votre avis, les avenues qui s'ouvrent devant vous ?

— A la vérité, je n'en vois guère. Je ne connais pas de banque qui me soutiendra. Je n'ai aucune garantie. Je suis piètrement rémunéré, et je n'ai aucun bien personnel.

— Voilà une erreur que vous ne devriez jamais répéter. Ne faites pas comme la plupart des gens qui abandonnent avant même d'avoir essayé. Ne vous laissez pas prendre non plus au piège de ceux qui, extérieurement, agissent mais intérieurement sont convaincus qu'ils ne réussiront pas. Ils partent évidemment perdants. Que votre pensée et votre action soient en accord. Soyez en quelque sorte unanime avec vous-même.

— Je peux toujours essayer... dit le jeune homme sans grande conviction.

— Il faut que vous partiez avec la conviction intime que la solution existe. La solution "idéale" à votre problème. La puissance de votre esprit et la magie de l'objectif attireront infailliblement cette solution vers vous, par des voies que probablement vous ne soupçonnez pas. Aussi, ne vous découragez jamais au départ en vous demandant de quelle manière vous arriverez à vos fins. Soyez intérieurement convaincu que vous réussirez et vous réussirez.

La foi soulève des montagnes. Ne laissez pas de place pour le doute. Bannissez-le avec toute la puissance de votre pensée. Car le doute fait partie des puissances des ténèbres. Votre optimisme, lui, appartient au royaume de la lumière et de la vie. Une lutte continuelle oppose ces deux puissances. Soyez intimement convaincu que vous obtiendrez votre prêt, et vous l'obtiendrai. Etes-vous convaincu que vous pouvez l'obtenir ?

— Oui, maintenant je le suis.

— Si vous ne disposiez que des circonstances actuelles pour parvenir à vos fins, c'est-à-dire pour obtenir votre prêt, que feriez-vous ?

— Je ne sais pas.

121

— Si vous n'aviez que quelques minutes, disons une heure pour obtenir ces 25 000 $, que feriez-vous ?

— Je ne sais pas...

— Vous avez devant vous un millionnaire...

— Je... Je n'ose pas vous les demander, je vous connais à peine...

— Vous mériteriez que je ne vous les prête pas... Vous avez encore beaucoup de chemin à faire, mon jeune ami...

Il tira alors de sa poche les 25 000 $ qu'il avait depuis la veille et qu'il gardait apparemment toujours sur lui comme argent de poche, somme importante aux yeux du commun mais, à ses yeux, dérisoire.

Il tendit la liasse au jeune homme.

— Je ne peux pas accepter... C'est une somme...

— Qui vous paraîtra dérisoire dans quelque temps, dit le millionnaire. Allez, j'insiste.

— Si vous insistez, dit le jeune homme qui encore incrédule prit les billets qu'il ne put s'empêcher de palper et d'examiner comme pour s'assurer qu'ils n'étaient pas faux, ce qui, à la réflexion, lui parut le comble de l'impolitesse. Il serra l'argent dans ses poches en remerciant à deux reprises son généreux bienfaiteur.

— Cet argent vous a sans doute paru facile à acquérir. Mais à la vérité, je vous le dis, il n'y a pas de raison pour que tout argent que vous acquerrez dans le futur soit plus difficile à obtenir.

C'est une erreur malheureusement répandue de croire qu'il soit difficile de gagner de l'argent, et qu'il faille pour cela travailler fort. En fait, la seule valeur du travail est de renforcer l'esprit. Et de forcer l'individu à réfléchir davantage.

Lorsque vous aurez gagné beaucoup d'argent, et je vous dis que cela ne saurait tarder si vous appliquez les secrets que je vous ai enseignés, vous vous rendrez compte que ce qui aura compté c'est en fait votre attitude d'esprit, la puissance de votre désir et le fait d'être parvenu à le canaliser à travers un objectif monétaire précis. Si la plupart des gens ne réussissent pas, c'est qu'ils négligent de faire cela. Et c'est pour cette raison qu'il leur faut un travail pénible et ardu pour gagner de l'argent.

Tout à la joie d'avoir en poche une pareille somme, le jeune homme prêtait une oreille presque distraite aux sages propos de son créancier qui discourait toujours.

— Alors, souvenez-vous, jeune homme, lorsque vous aurez besoin d'argent : si vous avez la certitude intime que vous pouvez l'obtenir facilement et rapidement, vous l'obtiendrez exactement de cette manière. Et dès que vous avez des doutes, rappelez-vous ces 25 000 $ que vous avez obtenus. Il vous suffit de savoir demander. Si vous êtes persuadé que vous obtiendrez ce que vous demandez au moment même où vous le demandez, si vous faites comme si vous l'aviez déjà obtenu, alors vous l'obtiendrez. Si vous n'agissez pas ainsi, cependant, vous ne l'obtiendrez pas, car votre conviction secrète sera contraire à ce que vous désirez. Et c'est toujours notre conviction intime qui se trouve réalisée.

— Quand devrai-je vous remettre cet argent ? demanda le jeune homme.

— Cet argent, je ne vous le prête pas...

Il parut hésiter un instant. Mais sans doute était-ce un effet qui, du reste, ne rata pas, si on en juge par la réaction du jeune homme.

— Non, je ne vous le prête pas, je vous le donne, reprit le millionnaire. Ainsi, la boucle sera bouclée.

Cet argent est pur. Il m'a été donné par mon maître pour que je démarre en affaires. Ne l'utilisez pas à d'autres fins. Foncez. La peur et le doute seront vos plus grands ennemis. Soyez intrépide. Faites fructifier votre argent. L'argent doit s'inscrire dans le courant de la vie pour se multiplier. Cet argent que je vous donne, au fond, ne vous est que prêté.

— Prêté ? demanda avec une déception anxieuse le jeune homme.

— Oui, car, un jour, ainsi que je vous l'ai donné, vous devrez à votre tour le donner. Un jour, dans bien des années, vous rencontrerez un jeune homme qui sera dans la même situation que vous aujourd'hui. Vous le reconnaîtrez à un signe : il portera une rose.

Vous lui remettrez cet argent que je vous donne aujourd'hui. Faites en sorte qu'il ne représente alors plus qu'une somme dérisoire pour vous: de la menue monnaie. En acceptant cet argent, cet autre jeune homme, tout comme vous, devra en même temps prendre l'engagement solennel de transmettre l'enseignement que je vous ai légué et que vous lui léguerez. Ne brisez, sous aucun prétexte, cette chaîne. Cela vous porterait malheur. Je sais que vous êtes honnête. C'est pour cette raison que je vous lègue sans crainte ce secret.

— Je vous donne ma promesse. J'agirai comme vous le souhaitez.

— Sachez encore une chose, si j'ai amassé une fortune colossale, ce n'est pas tant que l'argent m'intéressait à ce point. Ce n'était au fond que pour montrer aux hommes de peu de foi la puissance de l'esprit.

Après une nouvelle pause, comme le jeune homme n'osait lui poser la moindre question, il dit encore :

— Le bien suprême est la liberté. La richesse donne une liberté. Et il est bien que vous connaissiez cette liberté. Avec elle, vous verrez plus d'une illusion s'évanouir. Et vous comprendrez que le vrai bonheur se trouve dans le détachement, qui est la liberté suprême. Celui seul qui part les mains libres pourra cultiver les roses éternelles. Atteindre cette liberté fut le but secret de toute ma vie. En dépit de ce que pensaient les hommes qui ne jugent que par les apparences et voyaient en moi un homme d'affaires prospère, dans mon esprit, je n'ai jamais été qu'un modeste jardinier.

Le jeune homme demanda alors :

— Pourquoi m'avez-vous dit toutes ces choses ? Pourquoi m'avez-vous donné cet argent ?

— Ne dit-on pas que lorsque le disciple est prêt, le maître apparaît ? C'est la sincérité de votre désir qui vous a conduit à moi. Cette sincérité est une des choses les plus puissantes, et aussi les plus rares en ce monde où les êtres changent continuellement d'idée et sont incapables de vraie persévérance. Et puis, j'ai beaucoup reçu. Il est normal que je donne.

— Peut-être, dit le jeune homme qui ne démordait pas. Mais pourquoi donner à moi plutôt qu'à un autre?

Le millionnaire sourit:

— Vous êtes obstiné, mon jeune ami. Cela me plaît. Si vous voulez connaître la vraie raison, je vous la donnerai. Je ne sais pas si vous êtes en mesure de l'accepter aujourd'hui.

Mais un jour peut-être. L'âme est éternelle. Et chaque âme voyage d'une vie à l'autre avec des compagnes.

Chaque compagne aide l'autre à accomplir son destin. Les rencontres que nous faisons au cours de notre vie ne sont jamais dues au hasard. Et il est rare que l'on rencontre véritablement un être pour la première fois. Mon ami, aussi surprenant que cela puisse vous paraître, vous avez été mon père dans mon ancienne vie. N'est-il pas normal que vous soyez mon fils spirituel dans cette vie ?

Le jeune homme fut submergé par une émotion très grande, même s'il n'était pas certain de tout comprendre. Le millionnaire s'approcha de lui. Jamais le jeune homme ne l'avait trouvé aussi majestueux. Malgré son âge avancé, il avait le port d'un prince. Il se tenait très droit. Et son visage avait une allure hiératique. Le temps ne paraissait guère avoir eu d'emprise sur lui.

De son index droit, le millionnaire toucha alors le front du jeune homme entre les deux sourcils en disant:

— Découvrez ce que vous êtes vraiment. La vérité vous rendra libre à tout jamais.

Ce furent les dernières paroles du vieux jardinier. Dehors, l'orage avait cessé aussi subitement qu'il s'était déclaré. Le soleil brillait déjà. La lumière du candélabre était désormais inutile.

Le millionnaire s'en empara et l'emporta avec lui sans prononcer une seule parole, sans dire où il allait, ni donner aucune instruction au jeune homme qui, trop ému par ce qui venait de se passer, n'osa rien dire. Il se retrouva seul, la tête pleine de pensées, et dans les poches les billets que lui avait remis le vieil homme.

CHAPITRE 13

*Où la route du jeune homme
et du jardinier se sépare*

M ais il n'eut pas l'occasion de rester seul bien longtemps. En effet le maître d'hôtel fit alors son apparition.

Il tenait un document qu'il remit au jeune homme. Et il lui expliqua:

— Mon maître m'a chargé de vous remettre ce document. Il a insisté pour que vous le lisiez dans le secret de votre chambre. Vous pouvez rester ici encore une journée. Passé ce délai, vous devrez nous quitter. Telles sont les volontés de mon maître.

Le jeune homme le remercia et, lui obéissant, curieux de connaître le contenu du document, se retira dans sa chambre, prenant cependant la précaution de ne pas fermer complètement la porte, de crainte qu'à nouveau il ne fût séquestré. Il s'assit sur le lit et décacheta en hâte l'enveloppe.

Il en tira un document écrit d'une belle main, à l'encre noire. Il exhalait un parfum de rose très subtil. Il disait: "Voici mes dernières volontés à votre sujet, jeune ami. Je vous lègue les quelques livres de ma bibliothèque que je ferai porter chez vous au cours des prochains jours.

Les livres sont utiles. Ne faites pas l'erreur que font tant d'hommes qui considèrent que ce qui se trouve dans les livres n'a absolument aucune valeur. Ils croient réinventer le monde. Et malheureusement, par ignorance, ils refont les mêmes erreurs que leurs devanciers. Ils perdent ainsi beaucoup de temps, et, dans le cas qui nous occupe, beaucoup d'argent.

Ne tombez pas non plus dans le défaut contraire qui consiste à ne jurer que par les livres et à laisser ceux qui ont pensé avant vous continuer de le faire à votre place. Les auteurs, pour peu qu'ils aient quelque valeur, sont des voyageurs âgés qui ont vu beaucoup de choses. Un livre est toujours, d'une certaine manière, la relation d'un voyage.

Mais le voyage que vous entreprenez n'est pas identique à celui des auteurs. Ne conservez dans un livre que ce qui défie les ans. Pour le reste utilisez votre plus grande richesse: votre cerveau. C'est de toute évidence la meilleure chose qui ait été inventée pour penser.

Malheureusement la plupart des gens passent leur vie à trouver des dérobades pour éviter de penser. C'est dans la nature humaine, qui est plus portée vers tout ce qui est facile. C'est l'instinct qui triomphe chez la plupart. Faites en sorte de faire triompher l'esprit en vous.

Depuis notre rencontre, j'ai essayé de vous transmettre les quelques parcelles de sagesse que j'ai pu glaner au cours de ma longue existence. Vous trouverez ci-joint le long récit de ma deuxième rencontre, autant sinon plus décisive que la première que j'ai faite avec mon mentor. C'est mon second testament spirituel si je puis dire. Le premier, je viens de vous le léguer verbalement.

Je voudrais, jeune ami, que vous vous efforciez de le faire connaître au plus grand nombre. Ainsi mon existence se trouvera justifiée. Mais avant de le transmettre, il faudra que vous l'éprouviez. Car une méthode que l'on n'a pas éprouvée soi-même n'a aucune valeur. Je dois maintenant vous saluer. Mes roses m'attendent depuis trop longtemps déjà."

Malgré son émotion, le jeune homme s'empressa de prendre connaissance du testament du millionnaire, qui était dans une seconde enveloppe portant un sceau de cire rouge qui figurait une rose. Il brisa délicatement le sceau et ouvrit l'enveloppe. Elle contenait plusieurs pages.

Ce singulier testament était manuscrit. Mais l'écriture en était fort lisible. Et le jeune homme n'eut pas de peine à la déchiffrer. Les lettres étaient amples, majestueuses. Elles paraissaient respirer, comme animées d'une vie propre.

Le jeune homme s'absorba dans cette lecture pendant au moins deux heures, qui cependant lui parurent ne durer que quelques minutes. Lorsqu'il eut terminé cette lecture qui l'avait enchanté, il voulut tout naturellement aller remercier le millionnaire de lui avoir fait un cadeau si précieux.

Il retourna au salon. Personne. Il appela le maître d'hôtel. Il n'obtint nulle réponse. Il songea que, vu le retour du beau temps, le millionnaire était sans doute retourné au jardin soigner ses roses. Il avait raison.

Mais c'était pour un motif tout autre que le vieux jardinier y était retourné. Le jeune homme courut jusqu'au jardin. Il appela le millionnaire. Soudain, il l'aperçut. Curieusement, il était allongé au beau milieu d'une allée, au pied d'un rosier.

Près de lui, il y avait le candélabre du salon. Seule une chandelle brûlait encore, d'ailleurs assez bizarrement, puisqu'une brise légère soufflait. C'était la chandelle centrale, la plus haut placée. Les six autres étaient éteintes. Le jeune homme crut d'abord que le vieil homme dormait, faisant une sieste impromptue, dans un endroit peut-être un peu inattendu. Mais il était si excentrique.

Le jeune homme s'approcha. Mais plus il avançait, plus un trouble l'emplissait comme si quelque chose de grave se passait en ces lieux.

Lorsqu'il fut près du millionnaire, son appréhension se confirma. Le vieil homme avait curieusement revêtu une robe blanche, une longue soutane qui lui descendait jusqu'aux chevilles. Les mains croisées sur la poitrine, il tenait une rose.

Son visage n'exprimait aucune angoisse, aucune trace de souffrance: pourtant comme l'avait craint le jeune homme, il était mort.

133

Il en eut la confirmation en penchant un instant son oreille inquiète au-dessus de sa bouche. Il ne respirait plus, même si tout son être exhalait un bonheur surnaturel.

"Quelle façon étrange de mourir !" se dit le jeune homme. "Il savait exactement à quel moment il allait partir." Qui sait s'il n'avait pas lui-même commandé le moment précis de son départ par quelque procédé étrange dont lui seul avait le secret, ou tout simplement par un ordre de son implacable volonté. Il ne le saurait jamais.

Le millionnaire emportait son secret avec lui. Le jeune homme sentit alors qu'il devait partir. Il n'avait plus rien à faire en ces lieux. Et puis la vue de cet homme qui avait été si bon avec lui, si généreux, lui brisait littéralement le coeur.

Mais juste avant de s'éloigner, il songea qu'il pouvait peut-être emporter la rose du millionnaire en souvenir. Il se pencha vers le corps inerte, et tendit la main. Il toucha la rose, mais subitement renonça à la prendre. Il sentit qu'il profanerait la mémoire du vieil homme.

Cette rose lui appartenait. Elle était sa dernière compagne. Il se releva. Il avisa le candélabre dont, bizarrement, la chandelle centrale brûlait toujours. Les larmes lui vinrent aux yeux. Il ne connaissait pas le millionnaire depuis longtemps et pourtant il s'était profondément attaché à lui, comme s'il eût été son père.

Il se fit intérieurement le serment que jamais il ne trahirait cet homme, qu'il transmettrait du mieux qu'il pouvait son enseignement.

Au moment précis où il faisait cette promesse solennelle, la chandelle s'éteignit. Ce fut pour le jeune homme comme la confirmation que le vieil homme était vraiment mort et qu'il fallait qu'il parte. Il s'en retourna comme il était venu.

Il se sentait littéralement transformé par cette rencontre. Et, lorsqu'il fut de retour chez lui, dans son appartement qui ne payait pas de mine, il avait le cœur léger, comme à l'aube d'une vie nouvelle.

Note de l'éditeur
Le lecteur pourra retrouver la suite de cette histoire dans
LA VIE NOUVELLE.